KRAV MAGA クラヴマガ

for junior ジュニア

クラヴマガ・ジャパン 編

世界が選んだ実戦護身術

は じ め に

　日本の警察官が柔道や剣道、逮捕術を学ぶように、**クラヴマガは世界の多くの国で軍隊や警察などに公式採用**されている接近戦を得意とする戦闘術です。

　人間の本能的な動きを活かした、理にかなったワザは習得しやすく、**一般の人のための護身術**としても広く知られています。世界中に教室があって、**小・中・高校生もたくさん学んでいます。**

　実戦をとことん考え抜いたワザのため、**子どもが大人を、女性が男性を倒すことも可能**な破壊力を持ちます。一方で、クラヴマガはケンカ術ではありません。あくまで身を守るための手段です。

　クラヴマガのトレーニングでは、筋力、スタミナ、反射神経、判断力、メンタルを総合的に強化します。そのため、クラヴマガを学ぶことで、ほかの競技能力の向上も期待できます。

　危険な状況でも乗りきる力がつけば、自分に自信を持てるようになります。クラヴマガを学んで、ぜひ明るく前向きな毎日を送っていきましょう。

クラヴマガ・ジャパン

すべての人々が

心身ともに自信を持って

明るく　楽しく

そして

人に優しくなれる毎日を送れるように。

松元國士
（クラヴマガ・ジャパン創始者）

だ か ら、ホ ン モ ノ！

突然、後ろから
肩をつかまれて･･･

首を絞められた！

クラヴマガの
テクニックで、
素早く相手の手を
引きはがして･･･

世界が認めた、危険から身を守るテクニック

登下校中や公園、夜道で… 背後から、ものかげから…

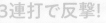
3連打で反撃!

掌底打ち

ヒザ蹴り

ハンマーパンチ

ダメージを
与えたら逃げる!

世界が選んだ実戦護身術　クラヴマガ

階段の上から
怪しい男が…

キックを手で
防御して…

シンプルだから、とっさのときも使える

突然の攻撃でも…　経験のない状況でも…

パンチで反撃!

相手の頭を
つかんで…

▼ ▼ ▼

階段の下へ

引きずり落とす

ダメージを
与えたら逃げる!

だ か ら 、
効 果 抜 群 ！

不審者が
しのび寄って
きて···

腕を
引っ張られた!

両手を使って
てこの原理で…

相手の手を外す

急所にキック!

ダメージを
与えたら逃げる!

急所への攻撃で、どんな相手も撃退！

目、あご、みぞおち、股間（こかん）、足の甲……

クラヴマガ for ジュニア◎目次

第2章 護身の基本「打撃」テクニック

● 基礎知識

● 打撃の基本

キックの基本

コンビネーション

第3章 防御と反撃のテクニック

パンチの防御

カウンター攻撃

手首の振りほどき方

首絞めの防御

ベアハッグの防御

ヘッドロックの防御

そのほかの防御

第4章 倒されたときの「グラウンド」テクニック

● グラウンドテクニック

第5章 レベルアップのための
　　　　トレーニング

クラヴマガ
とは？®

世界が選んだ実戦護身術

世界の護身術 クラヴマガ

日本ではあまり知られていませんが、クラヴマガは世界の多くの警察や軍隊で公式に採用されている戦闘術であり、一般の人にとっては護身術として広く知られています。

世界が選んだ護身術

クラヴマガは70年以上の歴史を持つ、イスラエル生まれの近接戦闘術です（クラヴは「戦う」、マガは「近く」の意味）。日本の警察官は柔道や剣道、逮捕術などを学びますが、世界の多くの軍隊や警察はクラヴマガを学んでいます。アメリカでは、海軍の特殊部隊やFBIの人質救出チーム、シークレットサービス、SWATなどで公式採用されています。
また、世界中に一般の人向けの教室があって、実戦護身術として広く知られています。まさに世界が選んだ護身術がクラヴマガなのです。

体力差があっても倒せる

護身術ですから、当然、体力差のある相手に攻撃されたケースも想定内です。というより、クラヴマガではつねに、自分が相手より不利な状況に追い込まれていることを前提に対処法を学びます。
体力差があるほど、相手は油断してスキが生まれるものです。そのスキをついて、急所を攻撃すれば、どんな相手でも倒すことができます。

武道や格闘技とは考え方が違う

クラヴマガでも、キックやパンチ、関節ワザなどを使います。その点は、武道や格闘技と同じですが、クラヴマガにはルールがありません。護身術では、股間蹴りや噛みつき、目つぶしなど、どんな攻撃にも対処しなければならないからです。

また、格闘技などと違って、護身術の目的は相手を倒すことではありません。危険な状況から身を守ることが第一です。そのため〝逃げる〟のも大切なワザの一つとして考えます。

覚えやすくてだれでも実践できる

ストリートファイトや犯罪には、開始のゴングも、インターバル（休憩）もありません。相手の攻撃を瞬時に判断して、対処しなければなりません。

そのため、クラヴマガのワザは覚えやすいものになっています。スポーツや格闘技の経験がなくてもマスターできるのが、クラヴマガです。

テレビ・映画界も注目

ジェニファー・ロペス、ブラッド・ピット、レオナルド・ディカプリオなどハリウッドスターをはじめ、多くの有名俳優がドラマや映画のアクションシーンの撮影のために、クラヴマガのトレーニングを受けています。日本でも、ドラマや映画の撮影協力はもちろんのこと、情報番組などでもたびたびクラヴマガのテクニックが紹介されています。

シンプルを追求した クラヴマガの原理

どんなスポーツでも早く上達するには、各競技の特性を理解して、目的意識を持って取り組むことです。クラヴマガもワザの原理をよく理解したうえで、練習にはげみましょう。

ワザは使えなければ意味がない

クラヴマガで使うワザは、パンチやヒジ打ち、股間蹴りなど、シンプルなものばかりです。どんなに破壊力のあるワザでも、肝心な場面で使えなければ、実戦では役に立たないからです。

もちろん、ワザがシンプルでも、状況に応じて瞬時に使いこなせなければ、やはり役に立ちません。つまり、ただ練習すればいいというものではないのです。

覚えておこう！クラヴマガの原理

では、どんな点に注意して学べばいいのでしょうか。その指針となるのが、クラヴマガの原理（考え方）です。クラヴマガで採用されているワザやテクニックはこれらの原理をすべて満たすものだけです。たとえば、クラヴマガのテクニックは、人間が備えている本能や条件反射に基づくことが原理①からわかります。そうした自然な反応を活かして、原理③のように防御と反撃が同時に行えるようになっています。

ほかの原理からも、クラヴマガがワザやテクニックをできるだけシンプルにしようとしていることがわかります。人は選択肢が多いと迷います。実戦では、その一瞬の判断の遅れが命取りになるからです。

クラヴマガの原理

1

テクニックは、自然の本能（条件反射）に基づいた動きであるべきである。

2

テクニックは、目の前の危険に対処するものでなければならない。

3

テクニックは、防御と反撃を同時に行うものでなければならない。

4

1つの防御で多様な攻撃に対処できなければならない。

5

ある分野で学んだ動きが別の分野での動きと矛盾するのではなく、むしろ補うようにシステムを統合するべきである。

6

テクニックは、アスリートだけでなく、ふつうの人でも学べるものでなければならない。

7

テクニックは、不利なポジションから使えるものでなければならない。

8

トレーニングは、実際の攻撃で経験するのと同じストレスや緊張を含んだものでなければならない。

シンプルだから迷わない！
シンプルだから
だれでも使いこなせる！

逆境に屈しない
クラヴマガ・
スピリット

クラヴマガに「あきらめ」はありません。体力差があっても、相手が武器を所持していても、最後まで希望を捨てずに全力を尽くすのがクラヴマガ・スピリットです。わずかなスキがあれば、一撃で相手を倒す力がクラヴマガにはあります。

ノールールを味方につける

危険な状況に置かれたときに最も大切なことは、希望を失わずに最後まで戦い抜くことです。野生動物の世界でも、バッファローが、ライオンを倒すことだってあるのです。
ルールのあるスポーツなら体力差は大きなハンディキャップですが、目、のど、股間などの急所攻撃も許されるノールールの実戦では、その差は大きく縮まります。

トレーニングは不利な状況から

クラヴマガのトレーニングは、つねに自分が不利な状況からスタートします。クラヴマガはむやみに相手を攻撃するためのものではなく、攻撃されたときに身を守るためのものだからです。
どんなに相手が危害を加えてきそうでも、「恐れ」を理由に自分から攻撃することは許されません。不利な状況からでも形勢を逆転して生き延びるのがクラヴマガです。

最後まであきらめない

「大人に勝てるはずがない」
「逃げてもどうせ追いつかれる」
人は不利な状況に追い込まれると、物事を悲観的に考えがちですが、結果が出る前にみずから被害者になってはいけません。最初の反撃に効果がなかったとしても、ほかに攻撃方法はいくつもあります。冷静さを保ち、相手のスキをつけば、必ず形勢を逆転できます。

ムダな戦いはしない

ケガの恐れや命の危険があるときには、相手の急所を攻撃したり、武器を使ったりしてでも、自分の身を守らなければなりません。しかし、すでに十分なダメージを与えているのに、攻撃し続けるのはクラヴマガの精神に反します。逃げるチャンスができたら、その場をすぐ離れましょう。戦いで得るものはありません。〝逃げる〟のは、恥ではなく、相手の攻撃をシャットアウトする最強のワザです。

クラヴマガ用語集

クラヴマガでよく登場する用語をまとめました。ワザやテクニックをきちんと学ぶには、用語の意味を正しく理解しておく必要があります。下記の用語の一部は、本書のレッスン内でも使われています。わからなくなったときの辞書としても活用してください。

	用　語	意　味
ア	アウトサイド ディフェンス	方向をそらしたり、動きを止めたりする防御のうち、腕や足を体の中心から外へ向かって動かす防御方法。
	アタッカー	攻撃する側の人間。
	インサイド ディフェンス	方向をそらしたり、動きを止めたりする防御のうち、腕や足を体の中心に向かって動かす防御方法。
	エルボー (ヒジ打ち)	鋭角に曲げたヒジを、相手の顔面やのど、ろっ骨やみぞおちなどに打ち込む攻撃方法。接近戦で有効。
カ	グラウンド ファイティング	相手を倒し、または相手に倒された状態における、打撃および寝ワザの戦い（攻防）のこと。
	グリップ	握ること。または握っている部分。
	クロス	ストレートパンチの種類で、戦い（ファイティング）のスタンスから後ろの手で打つパンチ。
	コンビネーション	攻撃でのキックやパンチ、防御での動作など、ワザや動作を連続して行うこと。
サ	ジャブ	ストレートパンチの種類で、戦い（ファイティング）のスタンスから前の手で打つパンチ。
	掌底 (パームヒール)	手のひらの手首側下部の肉厚な部分。おもに相手と接近している状態で、頭や顔面に対して「掌底打ち」を行う。
	スイッチ	体勢やワザの前後左右を切り替えること。
	ステップバック	間合いを取りながら相手から離脱する動作。
	ストッピング	相手の攻撃を止めることを目的とした動作のこと。
	ストライク	キックやパンチなど、打撃全般のこと。

	用 語	意 味
サ	スタンピング	倒れている相手を足で踏みつけること。
	セルフディフェンス（自己防衛・護身）	クラヴマガでは、首絞めやベアハッグ、ヘッドロックなどの締めワザや組みワザ（ホールドワザ）への防衛を意味することが多い。
	ソフトテクニック	与えるダメージの少ない防御方法。ムダな戦闘を避け、潜在的な危険から逃れるために用いる。
タ	チョーク（首絞め）	基本的な絞めワザ（ホールドワザ）の一つ。
	ディフェンダー	攻撃を受けている側の人間（護身者）⇔アタッカー（攻撃者）。
	デッドサイド（体の反対側）	自分から見て、攻撃しにくいほうのサイド。左足を前に出したファイティングスタンスなら、左側がデッドサイド。
	トラップ	一般的には「ワナ」として使われるが、クラヴマガでは「捕まえる」のニュアンスを込めて使われることが多い。
ナ	ナックル（拳）	クラヴマガでは拳のなかでも、人差し指と中指の部分を指すことが多い。
	ニーアタック（ヒザ蹴り）	相手の体を下向きに引きながら、ヒザを鋭く蹴り上げる。エルボー（ヒジ打ち）と同様に接近戦に有効なワザ。
	ニュートラルスタンス	自然体。準備のない無防備な姿勢のこと。クラヴマガではこの状態から攻撃されても対処できるようにトレーニングする。
ハ	バーアーム	前腕部（ヒジから手首）を首に回してのどをつぶす攻撃。
	バースト	足を使った瞬間的な動きのこと。前進して、相手のふところに一気に飛び込む動作を指すことが多い。
	パッシヴスタンス	ニュートラルとファイティングの中間のスタンス。相手から攻撃を受ける可能性があるときに取るかまえ。
	ハンマーパンチ	拳を握った状態で、小指側の肉のついている部分で打つパンチのこと。
	ヒールキック	かかとで蹴るキックのこと。
	ヒザ蹴り	「ニーアタック」と同じ。
	ヒジ打ち	「エルボー」と同じ。
	ファイティングスタンス	相手と向き合ってしまい、戦いが避けられなくなったときに最初にかまえるスタンスのこと。

	用 語	意 味
ハ	フォールブレイク	倒れる際の受け身のこと。
	フック（かぎの形）	自分の手をL字にして、相手の手や足を引っかけること。
	プラック （引きはがす）	自分の手をL字にして、相手の手や足を引きはがすこと（通常、本能的に両手で行うが、体勢によっては片手で行う）。
	フロントキック	前蹴りのこと。
	ヘアグラブ	髪をつかむこと。
	ベアハッグ	両腕で相手の胴回りや胸回りに抱きつくこと（前後は問わない）。そのまま、持ち上げて連れ去ったり、投げるなどの動きに続く。
	ベース	支えや土台のこと。「ベースフット」は軸足を指す。
	ヘッドディフェンス	頭部だけで相手の攻撃をかわす動作。
	ヘッドバット	頭突き。
	ヘッドロック	頭、顔、首周辺を前腕で締め上げること。
	ホールド	締めワザもしくは組みワザのこと。
マ	マウント	グラウンドファイティングで相手に馬乗りになること。
	ミラーサイド	相手と向き合った際、同じ側の腕や足を指す。たとえば、相手が右手を出してきた場合、自分は左手となる。
ラ	ライヴサイド （体の正面側）	自分から見て、攻撃を出しやすいほうのサイド。左足を前に出したファイティングスタンスなら、右側がライヴサイド。
	ラウンド	円の動きのこと。「ラウンドキック」は回し蹴りのこと。
	リストロック	手首固めのこと。手首を内側や横側にひねり極めること。
	リダイレクト	相手のパンチやキックの軌道を自分の前腕部を使ってそらし、受け流すこと。相手の攻撃を意図した標的からそらす防御方法。
	ロール（回転）	回転する動きのこと。
ワ	ワン・ツー	ストレートパンチのコンビネーション。左足前の構えであれば左、右の順でパンチを打つこと。

1

ウォーミング
アップ

ウォーミングアップから始めよう！

　ウォーミングアップはケガの防止に欠かせないだけでなく、クラヴマガのワザやテクニックを学ぶための大切なトレーニングの一つです。体の柔軟性がなければ、正しい形でキックすることもできません。

体をほぐし、温めることが大切！

　何事も準備が大切です。車を運転する前にエンジンを温めるように、トレーニングを始める前に体を温めたり、筋肉をやわらかくしたりすることで、ケガをせず、ベストなパフォーマンスを発揮できるようになります。

　なかでもクラヴマガは体の全部を使う全身運動です。ケガをしないためにも、適切な準備体操やストレッチが必要になります。トレーニングの前に必ずウォーミングアップをすることを習慣づけましょう。

　ウォーミングアップによって、体がほぐれ、柔軟性が出てきます。そうすれば、足が高く上がるようになったり、体のキレがよくなったりします。こうした柔軟性は、クラヴマガのワザのスキルアップにも直結します。ウォーミングアップからワザの練習がスタートしている意識を持って、しっかりと行うようにしてください。

手順どおりに体を動かしてケガを回避

　ウォーミングアップを行う前に、ストレッチには「ダイナミックストレッチ（動的ストレッチ）」と「静的ストレッチ」の2種類があることを知っておきましょう。

　どちらのストレッチも体をやわらかくし、動きがなめらかになるという点は同じですが、ダイナミックストレッチのほうは、動きながら関節や筋肉に刺激を与えて、体温や心拍数を上げるもので、フットワークや敏捷性の向上に役立つストレッチとされています。

　一方、静的ストレッチは、止まった状態のまま筋肉を伸ばす運動です。だいたい一つの運動ごとに15〜30秒ほど止まったままの姿勢を維持します。止まったままゆったり行えるので、リラックス効果もあります。

　文字どおり、ダイナミックストレッチは体を動かしながら行い、静的ストレッチは止まった状態のまま行うという違いがあります。たとえば、アキレス腱を伸ばしたり、開脚して柔軟運動を行ったりするのが静的ストレッチ、ラジオ体操のような動きをともなう運動がダイナミックストレッチです。

　気をつけたいのは、両者を行う順序です。間違った順序で行うと、十分な効果を得られないばかりか、ケガにつながる恐れもあります。ウォーミングアップとしては、次の5つのステップで進めるのがいいでしょう。

step 1
ケガの防止と体（筋肉）を目覚めさせるために、「体をほぐす軽いストレッチ」を行います。屈伸や前屈からスタートし、腕や肩、腰を動かして体全体をほぐします。

step 2
本来の筋力が十分に発揮できるように、軽めのジャンプ動作など、「体を温めるダイナミックストレッチ」を行います。

step 3
クラヴマガのワザやテクニックの向上に直結する、「可動域（関節などを動かせる範囲）を広げるダイナミックストレッチ」を行います。

step 4
クラヴマガの動きのなかでも、特にケガが心配される部位について、「専門的な静的ストレッチ」を行います。

step 5
さらに第5章で紹介する「補強トレーニング」をウォーミングアップの最後に行ってから、ワザの練習に入ります。

　次ページからSTEP1〜4、第5章でSTEP5の具体的メニューを紹介します。すでにお話ししたとおり、各メニューの順番には意味があります。順番を守って、写真をよく見ながら、無理のない範囲で行ってください。

　筋肉を伸ばしたり縮めたりして、肩回り、腰回りをしっかりほぐすことで、姿勢を整え、トレーニングしやすい体に仕上がります。

体をほぐす 軽いストレッチ

1 屈伸

15秒

ヒザを閉じ、かかとをつけた状態で行う。ヒザは無理に曲げず、だんだんと深くしていくこと。

ウォーミングアップはどんな運動においても、ケガの予防に欠かせません。クラヴマガの練習の前にも必須です。スタートは軽いストレッチからです。体（筋肉）を目覚めさせることが目的ですから、無理に伸ばしすぎず、短時間で行うのがポイントです。トレーニング前の体の状態をチェックするつもりで行いましょう。

5 肩・胸の動的 ストレッチ

15秒

両腕を斜め方向に開きながら、下にある手が後ろを、上にある手が前を向くようにする。

2 前屈

各15秒

無理に伸ばしすぎないよう注意。体の硬さを
チェックするくらいのつもりでOK。正面と左
右、それぞれ行う。

3 胸・背中のストレッチ

各15秒

①両手を体の後ろに引き、胸を張る。②両手を
前へ伸ばし、背中を丸める。

4 肩・上腕・胸部の ストレッチ

各15秒

写真の順番で、左右とも行う。肩を無理に伸ばすと、ケガをする可能性
も。筋肉が張りを感じた位置で止めよう。

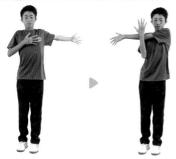

6 肩入れ

各15秒

つま先は外側へ向け、両ヒザを手で押す。左右
の肩、どちらも行う。

7 体の回旋(かいせん)

15秒

下半身から体を左右に回す。体の軸をブラさず、
回す方向と反対側のかかとをターンさせること。

体を温めるダイナミックストレッチ

8 両足ホップ

8~10回

弾むように、連続ジャンプ。足首・ヒザを曲げすぎず、接地時間をなるべく短くすること。

10 ジャンピングジャック②
（手：横、足：前後）

8~10回

両手を大きく上げると同時に、両足を開きながらジャンプ。次のジャンプで手を降ろすと同時に足を入れ替える。

12 ジャンピングジャック④
（手：交互に正面、足：前後）

8~10回

足を前後に開いてジャンプし、前に出した足と同じ側の手を上げる。左右交互に行う。

ダイナミックストレッチは、体を動かしながら行うストレッチです。トップレベルの選手も取り入れている効果的な運動で、トレーニングの前に行うには最適なストレッチといえます。
STEP2では、軽いジャンプ動作などで体を温めながら、筋力発揮や腱の弾性などを高めていきます。

9 ジャンピングジャック①
（手：横、足：横）　8~10回

両手を大きく上げると同時に、両足を開きながらジャン
プ。次のジャンプで手を降ろすと同時に足も閉じる。

11 ジャンピングジャック③
（手：両手を正面、足：前後）　8~10回

足を前後に開いてジャンプし、両手は体の正面
から上げる。そのままもう一度ジャンプして足
を入れ替え、手を下げる。

13 ジャンピングジャック⑤
（手：交互に正面、足：横）　8~10回

足を横に開いてジャンプし、片手を上げる。次
のジャンプで手を入れ替え、足を閉じる。

14 ジャンピングジャック⑥
（手：正面と横、足：横）　8~10回

足を閉じ、手を正面と横に上げる。着地時は足を
横に開き、手は下げる。手は交互に入れ替える。

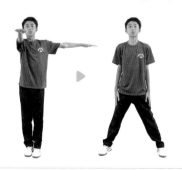

可動域を広げるダイナミックストレッチ

STEP3 もダイナミックストレッチですが、ここでは関節の可動域を広げることを目的に進めます。
たとえば、股関節がやわらかく、足を高く上げられれば、それだけ攻撃できる範囲も広がります。攻撃を受けた場合でも、ひと言でいえば、無理が利くようになるため、防御もしやすくなります。

15 サイドステップ

8~10回

リズムを取りながら、左右にステップする。体を振るのではなく、足だけでステップすること。

18 ニーアップ

8~10回

ももを上げたとき、背中を丸めないこと。股関節の力だけで上げることを意識。

21 下肢(かし)外回し

8~10回

ヒザを体の正面に上げ、外側に開いておろす。一度その場でジャンプした後、逆の足に入れ替える。

16 ウィンドミル

8~10回

足は左右にステップしたまま、片手は前回し、片手は後ろ回し。途中で、回す向きを逆にする。

17 バットキック

8~10回

リズムよく、かかとでお尻を蹴るように動かす。

19 股関節屈曲外旋
（こかんせつくっきょくがいせん）

8~10回

リズムよく、対角線にある手と足を近づける。体を折り曲げないよう注意。

20 股関節屈曲内旋
（こかんせつくっきょくないせん）

8~10回

なるべく体を折り曲げずに、手と足を近づける。

22 下肢（かし）内回し

8~10回

[21]と同じリズムのまま、ヒザを体の横に上げ、正面に持ってきてからおろす。

23 ストップアンドゴー

30秒

ダッシュと、静止状態を、交互に繰り返す。

ケガを防止する専門的な静的ストレッチ

動的ストレッチを終えたら、もう一度、静的ストレッチを行います。ダイナミックストレッチとは違い、体を動かさず、同じ姿勢を維持しながら筋肉を刺激します。クラヴマガは大きな可動域を必要とします。ダイナミックストレッチに続いて静的ストレッチを行うことで、筋の柔軟性が高まり、関節の動く範囲もより広がります。

24 股関節周囲のストレッチ

各15秒

股関節や、お尻周りの筋肉を伸ばす。体はなるべく折り曲げないように注意。

正面　　　　　　　　　　　　　横

正面　　　　　　　　　　　　　横

27 開脚（正面）

30秒

骨盤を立てた状態で、腰から前に倒れる。

25 腓（ひ）腹筋のストレッチ
15秒

四つんばいになり、交互にふくらはぎを伸ばす。
伸ばしているほうの足のヒザを曲げないこと。

26 開脚（側方）
各30秒

両手でつま先をつかむときは、ももの裏を。体を横
に傾けるときは、体の側面を伸ばすことを意識。

28 臀部（でんぶ）と下背部（かはいぶ）ストレッチ
各15秒

ヒジでヒザを押し込み、体をひねる。お尻と、
背中の下部分を伸ばす。

29 大腿四頭筋（だいたいしとうきん）のストレッチ
各15秒

足を折りたたんだほうの腰を、なるべく浮かせ
ないように注意。

最後に、STEP5「補強トレーニング」（第5章）を行ってから練習に入ります。

2

護身の基本「打撃」テクニック

Lesson 01

打撃に使う部位と相手に効く急所

クラヴマガの目的は、危険な状況から、できるだけダメージを受けずに脱出することです。それには、攻撃に有効な自分の体の部位や相手の急所を知っておく必要があります。

部位

頭

指

手のひら

拳（こぶし）

前腕

ヒジ

小指の外側

ヒザ

スネ

かかと

足裏

ヒジやヒザには太い骨があります。また、手のひらや足裏は衝撃に強い部位です。これらを使った打撃は、とても強力です。逆に、拳やスネは鍛えないとダメージを与えにくい部位です。

★急所を知っているだけでなく、より強力な攻撃ができる
　ように正しいワザの使い方を覚えること。
★一撃では、大きなダメージを与えられないこともある。
　連続でワザをくり出すことを意識して練習しよう。

急所

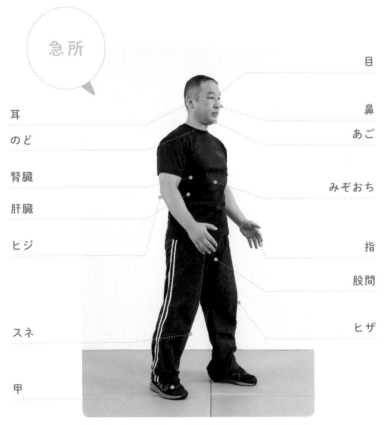

耳

のど

腎臓

肝臓

ヒジ

スネ

甲

目

鼻

あご

みぞおち

指

股間

ヒザ

「急所」とは、大人でも鍛えられない、人に共通す
る体の弱い部位のことです。股間やのど、目、鼻
といった急所への攻撃は、どんな相手にも大きな
ダメージを与えます。

3つの基本スタンス
ニュートラルスタンス
パッシヴスタンス
ファイティングスタンス

相手との状況に応じて「ニュートラルスタンス（自然な体勢）」「パッシヴスタンス（受け身の体勢）」「ファイティングスタンス（攻撃の体勢）」の3つのスタンスを使います。

ニュートラルスタンス　自然な体勢

パッシヴスタンス　受け身の体勢

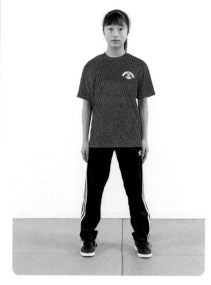

両足は肩幅か、それよりもややせまくして立ちます。両手は力を入れず身体の横に置きます。ふつうに生活しているときと同じ、自然な状態です。

足は前後左右にやや開き、ヒザを軽く曲げます。両手は肩の高さまで上げ、ワキを締めます。手のひらを相手に向けて、戦う意思がないことを示します。

★ファイティングスタンスのとき、右利きならば、右腕と右足を後ろにしてかまえる（左利きの人は逆の手足）。
★相手の右手の攻撃は左手でブロックし、右手で反撃する。
★後ろ足のかかとを少し浮かせて立つと、より動きやすい。

ファイティングスタンス

攻撃の
体勢

足は前後左右に開き（パッシヴスタンスよりも広く）、腰を落とします。体重を母指球に乗せ、すぐ動けるようにします。両手は顔の高さまで上げ、あごを引いて急所を守ります。

●母指球とは？

親指の付け根部分のこと。ここに体重を乗せて立つと、よりスムーズに動き出せます。

Lesson 02

ファイティングスタンスでの動きを覚えよう!

前進

スタート

ファイティングスタンスから
始めます。

★実際は外で攻撃されることが多いので、靴を
　はいているイメージを持っておくこと。
　裸足で練習するときは、普段より足を地面から
　少し浮かせて動くようにする。
★相手の射程距離にとらえられないように、
　斜めに動く練習もしよう!

右足（後足）の押しで左足を
前に出し、右足を引きつけて
もとのスタンスに戻します。
体重は両足の母指球に均等
にかけます。前進するとき
には、前のめりにならない
ように注意しましょう。

どの方向に動く場合でも、軸足で押すようにしてもう一方の足を出し、その足に軸足を引き寄せてもとの歩幅に戻します。ファイティングスタンスで素早く安全に動くための基本的な動作です。

右への移動	左への移動	後退

左足（前足）の押しで右足を右へ移動。左足を右足の前に引きつけてもとのスタンスに戻ります。移動中もつねにワキを締め、相手に向かってやや開いた姿勢を保ちましょう。

右足（後足）の押しで左足を左へ移動。右足を左足の後ろに引きつけてもとのスタンスに戻します。移動中もつねにワキを締め、相手に向かってやや開いた姿勢を保ちましょう。

左足（前足）の押しで右足を後方に移動。左足を右足の前に引きつけてもとのスタンスに戻します。移動中もつねにワキを締め、相手に向かってやや開いた姿勢を保ちましょう。

Lesson 03

拳の握り方

手や指には小さな骨がたくさん集まっています。拳の握り方を間違えたり、拳があごやほほの硬い部分に当たったりした場合、パンチを出した自分のほうが骨折するなどケガの原因になります。

1 小指から順に 4本の指を折りたたむ

親指以外の4本の指を小指からゆっくり折り曲げ、すき間ができないように巻いていきます。慣れるまではもう片方の手で補助するといいでしょう。

2 握った指に すき間がないか確認

ここで拳が緩んでいると、パンチの力が弱くなってしまい、かえって自分の指をケガしてしまう可能性があります。焦らず、しっかりと確認しましょう。

★親指をほかの指の内側に入れて握る人が多いので注意!
パンチのときに拳を強く握るため、親指を痛めやすい。
★親指は人差し指の第一関節辺りにしっかりと乗せること。
パンチのときに親指が離れると、突き指などの原因に。

3 最後に親指で しっかり押さえる

最後に親指を曲げて、人差し指の第一関節の辺りをしっかり押さえます。親指をほかの指の内側に入れないこと。勘違いしている人が多いので、注意しましょう。

4 人差し指と中指の 部分を回転させる

パンチを打つときは、手首をまっすぐにして、人差し指と中指のナックル部分を当てます。拳を45~90度回転させながらパンチを打つと、パワーアップします。

打撃の基本

左ストレート
パンチ

ファイティングスタンスから、相手に近いほうの拳（写真では左手）でくり出すパンチです。前の手だけで軽く当てるボクシングのジャブとは違い、クラヴマガではしっかりと体重を乗せて打ち抜きます。

スタート

ファイティングスタンスから始めます。

1 ヒジを下向きに保ったまま、左の拳を前に出す

体重は両足の母指球に乗せます。両足の力を使って、左の拳を前に突き出します。ヒジはできるだけ下向きに保ちます。パンチを打つと同時に、肩と腰を回して拳にパワーを伝えます。

★攻撃は最大の防御。相手から反撃されないように、
　全力で打ち込むこと。
★パンチを当てるだけでなく、当てた先まで打ち抜くことを
　意識すると威力が増す。

2 　拳を回転させながら標的を撃ち抜く

人差し指と中指のナックル部分を当
てるようにします。パンチに体重を
乗せることを意識して、拳を 45~90
度内側に回転させながら打つと、さ
らにパワーアップします。

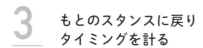

3 　もとのスタンスに戻りタイミングを計る

パンチを放った左手を素早く自分の体に引き
寄せて戻し、再びファイティングスタンスを
取ります。相手の動きを冷静に観察しながら、
次の攻撃のタイミングを計ります。

右ストレート
パンチ

ファイティングスタンスから、相手から遠いほうの拳（写真では右手）で打ち込むパンチです。左ストレートパンチに比べて、腰の回転が加わるため、威力は格段に増します。

スタート

ファイティングスタンスから始めます。

1 ヒジを下向きに保ち右の拳を出す

両足の母指球に体重を乗せ、足の力を使って、右の拳を前に突き出します。ヒジはできるだけ下向きに保ちましょう。パンチを打つと同時に、肩と腰を回して拳にパワーを伝えます。

2 拳を回転させながら標的を撃ち抜く

人差し指と中指のナックル部分を当てるようにします。パンチに体重を乗せることを意識して、拳を 45~90 度内側に回転させながら打つと、さらにパワーアップします。

★後ろ足のつま先を地面につけ、かかとを浮かせ、外側に
ひねりながらパンチを打つと、パワーアップする。
★カウンターパンチを避けるため、左手と右肩全体で
あごをガードする。あごは引いておくこと。

Level up!

顔面への右ストレートパンチ

お腹への右ストレートパンチ

3 もとのスタンスに戻り タイミングを計る

パンチを放った右手を素早く自分の体に
引き寄せて戻し、再びファイティングス
タンスを取ります。相手の動きを冷静に
観察しながら、次の攻撃のタイミングを
計ります。

腰の上げ下げで、パンチの高さを変
えることができます。適切な急所を
攻撃できるように、いろいろなパター
ンを練習しましょう。

打撃の基本

掌底打ち
しょうてい
（パームヒール
ストライク）

右ストレートパンチと同じ動作のま
ま、拳の代わりに掌底（手のひらの
付け根の部分）を使って行う打撃で
す。掌底 はもともと肉が厚く、硬い
部位なので、拳でのパンチに慣れて
いない人にも実践しやすいワザです。

スタート

ファイティングスタンスから始
めます。

1 下半身の力を使い 手のひらを押し出す

ヒジをできるだけ下向きに保ちながら、
右手の手のひらを開いて前に押し出しま
す。後ろ足は母指球（Lesson2）を軸に
ひねりながら、肩と腰を回転させると威
力が増します。

2 当たる瞬間に さらにパワーを加える

手のひらが相手に当たる寸前に手首を反
らし（指はわずかに曲がった状態）、手の
ひらの付け根の硬い部分を当てます。親
指の付け根側から押し出すようにすると、
腕の筋肉が固くなり、威力を増します。

掌底はここ！

★拳でのパンチでは、パワーが出ない人に
　おすすめ。
★当たる瞬間に、親指の付け根側から
　押し出すことで、手首の必要以上の
　反り返りを防ぎ、ねんざや骨折を予防。
★狙いは、相手の下あご、ほほ骨、鼻など。

Level up!

ストレートパンチと同じ動きで、急
所の下あごを突き上げると効果的！

3　前傾姿勢を引き戻し
　　　もとのスタンスへ

掌底を放った右手を素早く自分の体に引
き寄せて、前傾姿勢をもとに戻し、ファ
イティングスタンスを取ります。前足に
かかっていた体重も戻し、次の動きに備
えます。

目突き
（アイストライク）

ストレートパンチの応用です。そろえた指を相手の目に向かって突き出します。格闘技では反則ワザですが、身の危険の迫った非常事態では、頼りになる自己防衛のテクニックです。

スタート

ファイティングスタンスから始めます。

1 開いた手を前に突き出す

基本的には、Lesson4,5 の「ストレートパンチ」や Lesson6 の「掌底打ち」と同じ動きです。ヒジをできるだけ下向きに保ち、手のひらを開いた状態で前に押し出します。手はどちらでもかまいません。

★そろえた指に力を入れて硬くすることで、手全体が
　かすかに丸みを帯び、指の反り返りによるケガを防止。
★相手の目の高さよりも少し下から、斜め上向きに突き刺す
　と、顔のどこかにヒットする可能性が高まる。

Level up!

下側から上方向に
突き刺すと、外れ
ても顔のどこかに
当たります。

2 当たる寸前に 5本の指をそろえ 突き刺す

相手に当たる寸前に、指をそろえ
てヤリの先のようにし、指に力を
入れます。スナップを利かせ、腕
と手首が一直線になるようなイ
メージで相手の目や顔に突き刺し
ます。

前の敵への ハンマーパンチ

拳を握った小指側の側面の肉の厚い部分で攻撃するパンチです。ストレートパンチを出す距離よりも相手が接近しているときに使います。反対の手で防御しつつ、体全体を使ってパワーを乗せます。

スタート

パッシヴスタンスから始めます。

ここ！

1 腕とヒジをねじり 振りかぶる

手のひらが外側に向くように、腕とヒジをねじりながら、自分のあごから眉くらいの高さまで振り上げます。このとき、まだ拳は握りません。

2 拳を握りながら 振り出す

手のひらが相手に向くように打ち出しながら、拳を握ります。反対の手（写真は左手）は自分の顔やあごを防御するため、上げておきます。

★腕は頭の上まで振り上げないこと。
　動作が大きくなりすぎると、
　相手に攻撃を読まれる。
★拳は当たる寸前に強く握ること。
　振り上げたときから強く握ると、
　腕に力が入ってスピードが出ない。

3 肩と腰の回転で拳を振り下ろす

肩と腰を回転させ、体重を乗せながら拳をハンマーのように振り下ろします。当たる寸前に拳を返し、小指側の肉のついた部分を打ちつけます。

Level up!

相手が迫ってきたら、両手を上げて制止しつつ、攻撃に備えます。いよいよ危険が迫ってきたら、上げていた片方の手で相手の頭を押さえつけ（または髪をつかみ）、顔をめがけて拳を振り下ろします。

横の敵への
ハンマーパンチ

体の横から襲ってきた相手に向かって打つハンマーパンチです。不意打ちされたときに使うことの多いワザです。左右のどちらから攻撃されても、反撃できるようにしましょう。

スタート

パッシヴスタンスから始めます。

1 ヒジは軽く曲げ 右手を横に打ち込む

右手のヒジを軽く曲げながら横に上げます。その体勢から肩と腰を回転させながら、ハンマーパンチを打ち出します。打ち出した手は、相手からの攻撃の防御に使うこともできます。

2 ヒジが伸びきる手前で ヒットさせる

ヒジが少し曲がった状態で、相手にパンチが当たるようにします。ヒジが伸びきってしまうと、ケガの原因になります。距離が少し足りないときは、腰から相手に近づくイメージで上体を近づけます。

★パンチの打ち始めは手の甲を相手に向け、当たる寸前に
　拳を回転させて、小指側の側面で打つのが理想。
★横方向の相手と距離をつめたり、パンチの威力を増し
　たりするには、相手と遠いほうの足を返すのもポイント!

Level up!

パンチを打つ手と反対の手は、必ず
あごの近くに上げておき、カウンター
に備えて顔をガードします。

3　ファイティング スタンスに素早く戻る

すぐにファイティングスタンスを取り、
次の動きに備えます。パンチを打った手
を顔の近くに戻すだけでなく、前足に乗っ
ていた体重も両足の母指球にしっかり戻
して、バランスを取ります。

Lesson 10

かがんだ**敵への**ハンマーパンチ

ハンマーパンチは、下向きにも打つことができます。股間蹴りなどで相手がひざまずくなど、相手が自分よりも下の位置にいる場合に、首の後ろなどをめがけて拳を振り下ろします。

スタート

パッシヴスタンスから始めます。

1 右手を振り上げて体重を使って振り下ろす

体重は両足の母指球に乗せます。両足の力を使って、左手は相手の髪などをつかみ、固定します。右手は拳とヒジを高く上げ、ハンマーパンチを打つと同時に、肩と腰を回して拳にパワーを伝えます。

★パンチを打ち下ろすとき、
　腰から体を折り曲げないこと。
　体重が乗らないため、
　大きな威力が出ない。
★低い位置で組みつかれて
　しまったときは、腎臓のある
　わき腹の辺りを狙う。

Level up!

相手が正面から迫ってきたら、股間蹴りをして相手の頭が下げさせ、首の後ろを狙ってパンチを打ち込みます。

2 拳に合わせて腰と肩を回転させ、ヒザも折り曲げる

パンチの振り下ろしに合わせて、腰と肩を回転。同時にヒザも折ることで、体重を乗せます。パンチが当たる寸前に手首を返して、小指側の肉のついた部分で打ちます。

正面方向への ヒジ打ち （エルボー①）

ヒジ打ち（エルボー）は、相手との距離が近い、接近しているときに効果を発揮する打撃です。ヒジはもともと硬い骨でできているため、普段鍛えていない人でも、強力な武器になります。

スタート

パッシヴスタンスから始めます。

1 腕をヒジから 折りたたみ、 水平に振り出す

右ヒジを折りたたみ、右手を右肩の近くに持ってきます。拳は握っていても、開いていてもかまいません。腕だけでなく、腰と肩をしっかり回すことを意識して、ヒジの先端を鋭く振り出します。

★相手と距離がある場合は、相手側の足を一歩前に踏み出してつめる。

★ヒジを打ち抜いた後はすぐにパッシヴスタンスに戻って、次の動作の準備をする。

Level up!

水平に鋭くヒジを振り出す

波打たないように、なめらかに円を描くように振ります。

この辺りを当てます。

2 顔かのどを狙ってヒジの先端を当てる

狙いは、相手の顔面やのどです。ヒジの先端の前腕側を、体重を乗せてぶつけます。当たった後も、勢いを止めずに打ち抜きます。

Lesson 12

横方向への
ヒジ打ち
（エルボー②）

横から攻撃してきた相手へのヒジ
打ちです。Lesson11 の「正面方
向へのヒジ打ち」と違って、ヒジ
の先端部分で打ち抜きます。体重
を上手に乗せると、さらに威力が
増します。

スタート

ニュートラルスタンス（またはパッシ
ヴスタンス）から始めます。

1 腕をヒジから
折りたたんで
肩の高さまで上げる

左右の手を自分のあご近くまで上
げるのと同時に、攻撃する側の腕
を折りたたんで、ヒジを肩の高さ
まで上げます。拳は握っていても、
開いていてもかまいません。

★相手と距離がある場合は、相手側の足を一歩踏み出して
つめる。
★上半身ではなく、足と腰で勢いをつける。
体重移動を上手に行うと、威力が大幅にアップする。

2 ヒジの先端部分を
のどや顔に
打ち込む

上体を相手に近づけながら、ヒジの先端部分で打ち
抜きます。腕が波打たないように平行に動かすこと
を意識しましょう。狙うのは相手ののどや顔面です。

後ろ方向への 顔へのヒジ打ち （エルボー③）

打ち方は、Lesson12 の「横方向へのヒジ打ち」と大きく変わりません。ただし、相手が後ろにいるため、実際のシーンを想定して、無防備な状態であるニュートラルスタンスから練習しましょう。

スタート

ニュートラルスタンス（またはパッシヴスタンス）から始めます。

1 相手を確認して ヒジを肩の高さ まで上げる

後ろに人の気配を感じたら、肩越しに危険人物かどうかを確認します。危険人物だった場合は、攻撃する側の腕を折りたたんで、ヒジを肩の高さまで上げ、ヒジの先端を鋭く振り出します。

★肩越しに攻撃者かどうかを判断するのに加え、
　相手との距離や位置をしっかりと確認することが大切。
★ヒジを打ち出す前に、相手の攻撃に備えてあごを深く
　引いておくこと。

2 体を回転させ ヒジを打ち込む

体を回転させて、ヒジを水平に振り抜きます。ヒジの先端または肩側部分が相手ののどや顔面に当たるようにします。

後ろ方向への腹へのヒジ打ち（エルボー④）

基本的な打ち方は、Lesson13の「後ろ方向への顔へのヒジ打ち」と同じです。相手のお腹ががら空きの場合や、相手と接近していたり、身長差があって顔面を狙うのが難しいときに有効です。

スタート

ニュートラルスタンス（またはパッシヴスタンス）から始めます。

1 ヒザを曲げて重心を落とし、ヒジを曲げる

後ろに人の気配を感じたら、両ヒザを軽く曲げて重心を落とし、肩越しに危険人物かどうかを確認します。危険人物だった場合は、攻撃する側の腕を折りたたみ、ヒジの先端を鋭く振り出します。

★胃やろっ骨は、急所でもある「みぞおち（Lesson1）」の
　周りにある。
★正しい場所に当たると、相手は一瞬息ができなくなる。
　その間に距離を取り、次の行動を判断する。

2　みぞおちや ろっ骨を狙って ヒジを打ち込む

体の回転を使いながら、まっすぐ後ろにヒジを送っ
て、相手のろっ骨やみぞおちに打ち込みます。ヒジ
の先端または先端より肩側部分が当たるようにしま
す。

道で後ろから
肩をつかまれたら①
-相手が接近している場合-

1

肩越しに相手を確認する

肩をつかまれたら、まずは肩越しに危険人物かどうかを確認します。

2 みぞおちやろっ骨に
ヒジを打ち込む

重心を落とし、腕を折りたたみ、ヒジの先端を相手のみぞおちやろっ骨に打ち込みます。

3 下からあごに ヒジを突き上げる

お腹への攻撃で頭を下げた相手の
あごを狙って、下から上へのヒジ
打ちをします。

4 相手の 肩と腕をつかむ

ヒジ打ちをした勢いのまま体を回
転させ、相手と向き合った形で、
片方の腕と肩をしっかりとつかみ、
自由を奪います。

5 つかんだ手を支えに お腹へヒザ蹴り

相手の体を下向きに引き寄せながら、
右ヒザでお腹を鋭く蹴り上げます。

6 ダッシュで逃げる

相手のダメージを確認したら、す
ぐにその場から逃げます。

打撃の基本

前方向への
ヘッドバット

至近距離にいる、自分の正面の相手にする頭突きです。狙いは鼻やほお骨です。お互いに立っていてつかみ合いになっているときや、相手が自分より低い位置にいるときに有効です。

スタート　相手に正対し、胸と胸がつくくらいの至近距離に立って、相手の頭（耳か頭の横の髪）をつかんだ状態から始めます。

1 歯を食いしばり全身を使って頭を振り下ろす

首に力を入れて歯を食いしばり、足と上半身の力を使って、頭を突き出します。相手の頭や髪をつかんでいると、狙ったところに当てやすくなります。

★自分の額（ひたい）の髪の生え際部分を相手に当てるようにする。
★自分より低い位置にいる相手に対しては、頭や髪をつかんで、少しあごを上げさせること。頭突きが相手の頭に当たると、かえって自分がケガをしかねない。

上方向への
ヘッドバット

至近距離にいる相手のあごに向かって、下から頭を突き上げます。正面からおおいかぶさられたときや、攻撃しようとして飛び込んだものの、成功しなかった場合などに使います。

スタート　相手に正対してかがんで、自分の頭が相手の胸の高さにある状態から始めます。

1 下あごに向かって頭頂部を突き上げる

首に力を入れて、歯を食いしばります。そのまま、相手のあごを狙って、頭を突き上げます。前頭部または頭頂部（「つむじ」がある辺り）をぶつけます。

★相手と身長差があると、頭突きが届かないこともあるが、落ち着いてほかのワザに切り替えて対処すること。
★ヘッドバットは自分も痛いが、相手のほうがはるかにダメージは大きい。連続攻撃のチャンスを逃すな！

Lesson 17

後ろ**方向への**
ヘッドバット

後ろから組みつかれて、手が自由
にならないときに、おもに使う
ヘッドバッドです。相手のあごや
鼻をめがけて、後頭部を打ちつけ
ます。

スタート 相手に背を向け、ベアハッグ
された状態から始めます。

1 相手の腕をつかみ
首を反らせて
後頭部を打ち込む

体を持ち上げられたり、相手に避
けられたりしないように、相手の
腕をしっかりとつかみます。舌を
噛まないように、歯を食いしばり
ながら、首を反らせて後頭部を打
ち込みます。

★当てるのは頭頂部ではなく、後頭部の上のほう。
★重心を一度落とすと、足や腰の力が利用できるため、
　パワーを出しやすい。一度で効果がなければ、
　何度か続けて、相手の手を振りほどこう。

"気づき"の力
を鍛えるトレーニング

　危険を察知するためには、"気づき"の力をみがく必要があります。そこで取り組んでほしいのが、視野のトレーニングです。

　人間の目は、正面のものは色や形をはっきり認識できますが、左右に範囲を広げるほどぼやけていきます。本当によく見えるのは自分の真正面の5度。最大でも20度くらいの範囲です。

　では、ぼやけてしまうものの、左右どれくらいの範囲まで見えると思いますか？その角度は自分の真正面を0度だとすると、左右それぞれ約100度。つまり、自分の目の位置より少し後ろまで、ぼんやりとですが、瞳には映っているのです。

　ですから、訓練次第では、かなり広範囲にわたって、危険に気づくことができるようになります。

　トレーニング方法は簡単です。リビングなどで椅子に座り、まっすぐ前を向いたまま、自分の横方向に何があるか、意識的に見ようとしてみてください。慣れてきたら、学校や公園などで同じようにトレーニングしてみましょう。顔を正面に向けたまま、周りの人がどんな格好をしていて、どんな仕草をしているのかなどを観察するのです。

　こうしたトレーニングで視野を広げることで、より早く危険に気づくことができるようになります。

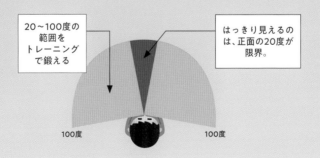

20〜100度の
範囲を
トレーニング
で鍛える

はっきり見えるの
は、正面の20度が
限界。

100度　　　　　100度

股間蹴り
（フロントキック）

足の甲を使って、相手の股間に打ち込むキックです。男性が攻撃してきた場合、股間への蹴り（キック）は最も強力な反撃方法の一つになります。

スタート

ニュートラルスタンスから始めます。

1 ヒザから足を上げて蹴り出す

ヒザを先行して足を上げ、ヒザから足先までの部分をムチのように使って蹴り出します。空中のサッカーボールを蹴るようなイメージです。腰を少し前に突き出しながら蹴ると、威力が増します。

★へその辺りまで蹴り抜くイメージを持つこと。
★反撃に備えて、両手は上げておく。股間蹴りのダメージで
相手がかがんだり、抱きついてきたりしたときは、上げて
いた手で「ハンマーパンチ」(Lesson10)を打ち下ろそう。

2 くつひもを 結ぶ辺りで 股間を蹴り抜く

当てるのは足の甲、ベストはくつひもを結ぶ辺りで
す。軸足(写真では左足)を少し回転(反時計回り)
させると、股関節の動きが自由になり、キックが高
い位置や遠くまで届くようになります。

道で後ろから
肩をつかまれたら②
-相手と距離がある場合-

1

肩越しに相手を確認する

肩をつかまれたら、まずは肩越し
に危険人物かどうかを確認します。

2 振り向きざまに
相手の手をはらう

パンチや頭突きに備えて、あごを引き、
引かれる力に逆らわずに体を回転させな
がら、手をはらいます。

**野外では
ここに注意**

カバンなどを手にしている
ときは、危険に気づいたら
すぐに、両手が使えるよう
に持ち直しましょう（カバ
ンを武器として使うテク
ニックについては 88 ペー
ジ）。

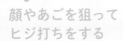

顔やあごを狙って
ヒジ打ちをする

はらった相手の手をつかむのと同
時に、顔面やあごを狙って、ヒジ
打ちをします。

股間蹴りで反撃を続ける

ヒジ打ちをした手で、そのまま相手の
肩をつかみ、股間を蹴り上げます。

ダッシュで逃げる

相手のダメージを確認したら、す
ぐにその場から逃げます。

攻撃的な前蹴り
（オフェンシヴ
フロントキック）

母指球（Lesson2）を使って、相手の体のお腹からみぞおちの辺りに、正面からキックを蹴り込みます。相手にダメージを与えることを目的とした、攻撃的なキックです。

スタート

パッシヴスタンス（またはファイティングスタンス）から始めます。

1　ヒザを曲げたまま足を上げていく

相手との距離を確認しながら、ヒザから足を上げていきます。蹴ったときに足が伸びきらずに済むくらいの距離が理想です。

★蹴った後の足は、そのまま体の前に下ろしても、
後ろへ引いてファイティングスタンスに戻してもOK。
★その場でジャンプしたり、地面を蹴ったりする練習をする
と、母指球で蹴る感覚をつかめる。

Level up!

相手の姿勢が低いとき
は、あごや顔を狙うこと
もできます。

2 足先から腰までを 一直線にして 蹴り込む

足から腰までを一直線にして、母
指球で突き刺すように蹴り込みま
す。蹴る瞬間につま先を足の甲に
向けて反らす意識を持つと、母指
球の部分を当てやすくなります。

防御的な前蹴り
（ディフェンシヴ
フロントキック）

「攻撃的な前蹴り」（Lesson19）と違って、近づいてきた相手を突き放すことを目的とした防御的なキックです。蹴り抜くのではなく、足裏全体を使って「押す」イメージで蹴ります。

スタート

パッシヴスタンス（もしくはファイティングスタンス）から始めます。

1 　足を上げて
つま先を反らす

ヒザから足を上げていくのは攻撃的な前蹴りと同じですが、こちらは防御が目的のため、足を上げた時点でつま先を反らして、相手に足裏を見せます。

★ヒザが少し曲がった状態で当たるように、距離とタイミングを計る。ヒザにゆとりがあったほうが相手を強く押せる。
★蹴りが届かなかったときは、反撃される前にいち早くファイティングスタンスを取って、スキを与えないこと。

2

**ヒザを少し曲げたまま
足裏全体で
押すように蹴る**

足裏全体を使って、相手の体のお腹から胸の辺りを強く押し返します。反動で自分がバランスをくずさないように、軸足（写真では左足）で地面に根を張るようなイメージを持ちましょう。

実戦
クラヴマガ

せまい道で
襲われたら①

せまい通路は万が一のときに、逃げられる方向
が限られるため、危険です。そういった道を「通
らないようにすること」が第一です。

**野外では
ここに注意**

1

片足を上げて
前蹴りを準備

道をふさがれて、相手が前か
ら接近してきたら、片足を上
げて前蹴りの準備をします。
手は顔の近くに上げて、相手
の攻撃に備えます。

2

お腹や胸元へ
前蹴りをする

相手が接近してきたら、タイミングをみてお腹や胸元を狙って、「防御的な前蹴り」（Lesson20）を打ち、それ以上、近づいてくるのを止めます。

3

股間蹴りで
ダメージを与える

すかさず股間蹴りでダメージを与えます。相手が倒れない場合は、さらに顔にパンチやヒジを打ち込みます。

4

ダッシュで逃げる

相手のダメージを確認したら、すぐにその場から逃げます。

せまい道で
襲われたら②
-リュックやカバンを使った防御-

クラヴマガの護身術は、最終手段です。
カバン、傘、木や石など、防衛に使えそ
うなものは迷わず手にとりましょう。身
の回りの道具を使うことで、相手との距
離をコントロールしやすくなります。

**野外では
ここに注意**

1

リュックを
胸の前に持ち替える

背負っていたリュックを、迫って
くる相手に投げつけるため、胸の
前に持ち替えます。

リュックを
相手に投げる

相手の視界をふせ
ぎ、キャッチさせ
るため、リュック
を相手の顔に投げ
つけます。

一気に近づき
股間を蹴り上げる

リュックを投げると同時に、相手
のほうへ一気に踏み込み、がら空
きとなった股間を蹴り上げます。

蹴りが効いている間に
リュックを取り返す

股間蹴りが効いていれば、自然と体が
前に倒れてきます。素早くリュックを
取り返します。

5　ダッシュで逃げる

リュックを取り返したら、すぐに
その場から逃げます。

ヒザ蹴り（ニーストライク）

相手と接近しているときに有効なワザです。ヒザの骨は硬く太いため、威力抜群。相手をかかえ込んでのヒザ蹴りは、後ろに下がって威力を吸収できないため、一撃で倒すことも可能です。

スタート

相手に近づいた状態で、ファイティングスタンスから始めます。

1 相手の右腕と右肩をしっかりとつかむ

右ヒザで蹴る場合、右手で相手の右肩を、左手で右腕をつかみます。体を沈めて足に抱きついてくるのを防ぐため、右ヒジを下向きにして相手の体をブロックします。

★逃げられないようにするため、服だけではなく、
　服の上から相手の体をつかむようにすること。
★股間を狙うときは相手の体をまっすぐに引く。
★胴体や顔面を狙うときは相手の体を下向きに引く。

Level up!

相手の真正面ではなく、左
右どちらかに少しズレて立
つと、ヒザを出しやすくな
ります。右ヒザで蹴るとき
は自分から見て左へ、左ヒ
ザで蹴るときは右へ、立ち
位置を変えましょう。

2　相手を引き込み、ヒザを突き上げる

相手の体を下向きに引き込みなが
ら、股間、胴体、顔面などを狙っ
て、右のヒザを鋭く蹴り上げます。
当たる瞬間は、ヒザが鋭角に曲がっ
た状態にし、足首を伸ばしておき
ます。腰を前方に突き出すと、よ
りパワーアップします。

回し蹴り
（ラウンドキック）

途中までは「攻撃的な前蹴り」（Lesson19）と同じ動作です。最後に足を横向きに変えて蹴り込みます。ヒザ関節、もも、ろっ骨など、広い範囲を狙えて、相手にヒットしやすいキックです。

スタート

ファイティングスタンスから始めます。

1 ヒザから先に右足を上げる

いきなり体を横に倒さず、自然な姿勢を保ったまま、右足をヒザから振り上げます。防御のために、手は肩の高さに上げておきます。

★ろっ骨より上を狙うときは、足をかなり高く上げることになる。バランスをくずさないように注意。
★日ごろからストレッチを欠かさず、足が高く上がるように、股関節やお尻の筋肉の柔軟性を高め、足が上がりやすくすること。

2　右足を横向きにしムチのようにして蹴る

左足を軸にして、右足を横に倒しながら、素早く体を回転させます。ヒザから先行して動かし、スネから足先をムチのように使います。

3　ヒザを曲げたまま蹴り込む

当たる瞬間も、ヒザは少し曲げておきます。当たる前に足が完全に伸び切ってしまうと、ケガをする恐れがあります。当てるのは足の甲からスネの部分です。

横蹴り
（サイドキック）

相手に対して体を真横に向けた状態から、股間や腹部を狙って蹴ります。足裏のかかと部分から当てていき、足裏全体を使って押し込みます。相手を遠くに飛ばすイメージで蹴るといいでしょう。

スタート

ファイティングスタンスから始めます。

1 相手と横向きに立ち、腰上までヒザを上げる

相手に対して体を横に向けた状態から、相手に近いほうの足（写真では左足）を上げます。ヒザをしっかりと腰上の高さまで上げましょう。

★倒れないようにバランスを取るため、上体は蹴る方向と
　逆側に傾くが、腰は相手に向かうイメージを持つこと。
★体は横向きでも、顔は相手に向けて、両目でしっかりと
　見ること。顔が横を向いていると、死角ができる。

●足裏のかかと
とは？

かかとのなかでも、
足裏の硬い部分のこ
とです。

2 　足裏のかかとを 横に蹴り出す

足裏のかかとから当てるイメージ
で蹴り出します。ヒザが伸びきる
前に当てるようにし、最後に足裏
全体で押し込みます。蹴った勢い
で軸足（写真では右足）のかかと
が相手方向に向くのが理想です。

後ろ蹴り
（バックキック）

自分の後ろから近づいてきたり、襲われたりしたときに使うキックです。お腹や股間などを狙って、足裏のかかと部分で踏みつけるように蹴ります。「横蹴り」（Lesson23）に近いワザです。

スタート

ファイティングスタンスで、肩越しに軽く振り返ったところから始めます。

1 背を向けたまま ヒザを前に上げて 後ろに蹴り出す

後ろを振り向いて危険を感じたら、ヒザを体の前に上げ、後ろ向きに蹴り出す準備をします。まだ足に力を入れず、つま先は地面の方向に向けておきます。

★肩越しに振り返ったとき、あわてずに相手の位置や様子を
　冷静に確認すること。
★慣れてきたら、蹴った後、体勢を戻しながら軸足
　（写真では右足）で回転し、相手と向き合うようにする。

蹴るときは肩越しでなく、腕の下から
相手の位置を確認します。上体を傾け
やすくするためです。

2 上体を倒しながら かかとの底で 蹴り込む

足裏のかかと部分から蹴り込みま
す。このとき、体を前に倒し、蹴っ
た方向に腰が入るようにします。
蹴った後は素早く足を戻して、体
勢を整えます。

近距離での後ろ蹴り（ショート・アッパー・バックキック）

Lesson24と同じく、自分の後ろにいる相手へのキックです。相手がより接近しているときに使います。後ろから抱きつかれてしまったとき（Lesson51）などにも威力を発揮します。

スタート ニュートラルスタンスで、肩越しに軽く振り返ったところから始めます。

1 右足のかかとを鋭く振り上げる

右足を後ろに振り上げ、相手の股間にかかとを勢いよくぶつけます。ヒザを曲げるだけでなく、軸足（写真では左足）を使って腰を跳ね上げるようにすると、パワーアップします。

★警戒されてしまうと、当てるのが難しくなる。自然体から、ためらわずに一気に蹴り込むこと。

Lesson 26

近距離での
かかと蹴り
（スタンピング）

後ろから抱きつかれて両手が使えないときに使うワザです。相手の足の甲に向けてかかとを勢いよく振り下ろします。体を持ち上げられてしまうとワザが使えないため、重心を落とします。

スタート ニュートラルスタンスで、後ろから抱きつかれたところから始めます。

2 かかとに体重を乗せて足の甲を踏みつける

かかとに思い切り体重を乗せて、勢いよく相手の足の甲を踏みつけます。

1 つま先を上げたままヒザを高く上げる

かかとを振り下ろすため、ヒザを高く上げます。つま先を少し上げておくと、かかとを当てやすくなります。自分の体に近いほうの足を狙います。

★視線を下に向け、相手の足の甲を目でとらえて踏みつけること。

ストレートパンチから股間蹴りのコンビネーション

ここまで紹介したワザを組み合わせての連続攻撃です。ワザとワザの間隔を空けずに攻撃することで、相手は体勢を整えたり、冷静な判断ができなくなるため、防御や反撃をしづらくなります。

スタート

ファイティングスタンスから始めます。

1 左ストレートパンチで先制攻撃

「左ストレートパンチ」(Lesson4)を打ちます。あごの防御と、次の攻撃(右ストレートパンチ)の準備のため、ヒジは下げたまま、右手を自分の顔の近くに置いておきます。

2 右ストレートパンチでダメージを与える

左手を引き戻すと同時に、「右ストレートパンチ」(Lesson5)を打ち込みます。最初の左ストレートパンチで、相手の防御は緩んでいるため、よりパンチが効きやすくなっています。

★連続して攻撃していると、自分の防御が甘くなりがち。
　両手は必ずあごの前に置いておくこと。
★ワザとワザの間隔をなるべく空けないこと。
　攻撃は最大の防御！　反撃の時間を与えないようにしよう。

3 右手を戻し股間を蹴る準備をする

右手を引いて戻すのと同時に、後ろ足の
ヒザを体の前に上げていきます。上半身
と下半身への攻撃を組み合わせると、相
手は予測しにくく、防御されづらくなり
ます。

4 股間蹴りでとどめを刺す

へその辺りまで蹴り抜くことを意識して、
「股間蹴り」（Lesson18）を放ちます。顔
面に連続攻撃を受けていた相手にとって、
不意打ち的な一撃となるため、防御を難
しくします。

ヒジ打ちから
ヒザ蹴りの
コンビネーション

ヒジ打ち（エルボー）後の自然な動きからヒザ蹴りにつなげるコンビネーションです。相手との距離が、Lesson27より近いときに使います。流れるようにワザをくり出せるようになるまで練習しましょう。

スタート

パッシヴスタンス（またはファイティングスタンス）で、相手との距離がやや近い状態から始めます。

1 腕をヒジから折り曲げ 肩の高さまで上げる

相手をいなしながらファイティングスタンスに移ります。そのままパンチを打つこともできますが、相手との距離が近く、十分な威力を出せそうもないため、「ヒジ打ち」（Lesson11）を使っていきます。

2 前足に体重を乗せて ヒジを振り抜く

相手のあごをめがけて、ヒジを振り抜きます。左足を軸に、ヒジ打ちをする腕だけでなく、肩と腰もしっかり回すと、パワーアップします。後ろ足のかかとが上がるくらい、前に体重を乗せましょう。

★連続攻撃は各ワザを使ったときの体の自然な動きを
　利用して行う。
★いざというときに考えなくても体が動くようになるまで、
　くり返し練習しよう。

3　ヒジ打ち後の流れで相手をつかむ

ヒジ打ちで体が回転しているため、自分
が相手の少し右側に移動しやすくなりま
す。その体勢を活かして、ヒジを打ち抜
いた右手で相手の右肩をつかみ、左手で
右腕をつかみます。

4　相手のお腹へヒザ蹴りを打ち込む

相手をつかんだ両手で斜め下方向に力を
加えながら「ヒザ蹴り」（Lesson21）を打
ち込みます。蹴った後はすぐ離れて距離
を取るか、「ハンマーパンチ」（Lesson10）
でダメ押ししてもいいでしょう。

3

防御と反撃のテクニック

ストレートパンチ
の防御
（インサイドディフェンス）

ストレートパンチに対しては、腕や足を体の中心に向かって動かすインサイドディフェンスを使います。相手の攻撃の方向をそらしたり、動きを止めたりするときに使います。

スタート

ファイティングスタンスから始めます。

1 手のひらでパンチの軌道を変える

右ストレートパンチを打ってきたら、自分の左手を少し前に出し、相手の腕の外側から内向きに動かして、パンチの軌道を変えます。同じように左ストレートパンチには、自分の右手を使って、パンチの軌道を変えます。

★相手の腕を押すときは、手のひらを使うのが基本。
　パンチの高さを読み違えたときは、手首や前腕部でもOK。
★慣れてきたら、パンチをそらしながら相手との間合いを
　一歩つめ、反撃に移る練習をしよう。

2 相手の腕を すべらせて 体を移動させる

パンチの軌道を変えるのが目的のため、力を入れて
押し出すわけではありません。パンチが防ぎきれな
かったときのために、頭を少しだけ外側に傾けつつ、
自分の手が相手の腕をすべっていくようにします。

ハンマーパンチや
フックパンチ
の防御

（アウトサイド〔360度〕ディフェンス）

フックパンチなど体の外側からくる攻撃に対しては、腕や足を体の外側に向かって動かすアウトサイドディフェンス（360度ディフェンス）を使います。相手の攻撃を腕の外側で受け止める防御です。

スタート

ファイティングスタンスから始めます。

1 頭上からの攻撃は腕を上げて防御

頭上から打ち下ろしてくる攻撃は、腕で防御します。ヒジを90度に曲げて肩より高く上げ、手ではなく、腕全体を上げるのがポイントです。腕と頭の距離を取ることで、攻撃の勢いに負けても、頭部を守ることができます。

★アウトサイドディフェンスには、1~7番まであるが、共通するのは、ヒジを90度に曲げて、指先まで伸ばすこと。

★手や腕だけ意識するのではなく、肩甲骨や背中、腰の力を意識して、体全体で受け止めるようにしよう。

2 斜め上からの攻撃は腕を上げて受け止めて防御

フックパンチなど、斜め上からの攻撃に対しては、ヒジを90度に曲げて肩の高さくらいまで上げ、腕をの外側で受け止めて防ぎます。

3 真横からの攻撃は腕を水平に受け止めて防御

真横から打ってくるフックパンチなどには、腕を水平移動させて防御します。ヒジを90度に曲げて自分の腕を相手の腕に当て、そのまま横に開きます。

4 斜め下からの攻撃は腕を体に引きつけて防御

斜め下からろっ骨辺りを狙ってくるフックパンチなどには、ヒジを90度に曲げて、腕を体にぴったりとくっつけます。腕を少しだけ外側に回転させ（小指側を外に向け）、腹筋に力を入れて防御します。

5 斜め下からの攻撃は指先を下に向けての防御も可能

斜め下からのフックパンチなどを防ぐ、2つめの方法です。〔1〕〜〔4〕と違って、指先は下方向を向きます。腰を前方に傾けて力強く受けます。

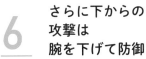

6　さらに下からの攻撃は腕を下げて防御

下方向からフック気味にお腹を狙ってくるパンチは、ヒジを90度に曲げ、斜め下方向にチョップを打つようなイメージで防御します。パンチの高さを見極め、腰を前方に傾けて力強く受けます。

7　真下からくる攻撃ははたき落として防御

下方向からアッパー的にお腹を狙ってくるパンチなどには、ヒジを90度に曲げ、真下にはたき落とすイメージで防御します。パンチの高さを見極め、腰を前方に傾けて力強く受けます。

連続するパンチの防御

実戦では、Lesson29の「インサイドディフェンス」とLesson30の「アウトサイドディフェンス」を組み合わせて使います。自然と体が反応するようになるまで、くり返し練習しましょう。

スタート ファイティングスタンスから始めます（練習では、少し遠めの距離から踏み込んで攻撃してもらいましょう）。

1 左ストレートパンチを右のインサイドディフェンスで防御

Lesson29の方法で防御します。

2 右ストレートパンチを左のインサイドディフェンスで防御

Lesson29の方法で防御します。

★インサイド、アウトサイドの判断も大切だが、基本中の基本は「相手と同じ側の手で防御する」こと。逆側の手で防御すると、相手に自分の体の側面を見せることになるので、その後の防御が難しくなる。

3 下からの左フックパンチを
右のアウトサイド
ディフェンスで防御

Lesson30 の方法で防御します。

4 上からの右フックパンチを
左のアウトサイド
ディフェンスで防御

Lesson30 の方法で防御します。

★パンチの出所が左右上下に大きく離れているため、1つめのパンチを
防いでも、目を奪われていたり、目をつぶっていたりすると、2つめの
パンチが見えない。目線を素早く正面に戻すこと。

5 2つのディフェンスで防御しながら反撃のチャンスを待つ

Lesson29、30 の方法で防御し、辛抱強くチャンスを待ちます。

★冷静に防御し続けていれば、相手が「バランスを崩す」「目線を外す」
「疲れて息切れする」など、どこかで必ずスキが生まれる。その一瞬の
チャンスを逃さずに、続くLesson32、33の方法で反撃に転じよう。

アウトサイド
ディフェンス
からの カウンター

クラヴマガは実戦を前提としているため、ディフェンスから反撃への切り替えが重要です。なかでも「アウトサイドディフェンス」（Lesson30）は、そのまま反撃に移ることができます。

スタート

ファイティングスタンスから始めます。

1 ディフェンスと 同時に空いた手で、 パンチを打ち込む

相手の攻撃をアウトサイドディフェンスで防御しながら、相手のスキをうかがいます。相手のふところに飛び込めそうなら、防御と同時に一歩踏み込み、空いている手（写真は右手）で、相手のあごや顔面にパンチを打ち込みます。

顔面の防御と同時に反撃

★攻撃に熱中すればするほど、防御にスキが生まれる。
　相手の攻撃を受けているときこそが反撃のチャンス。
★攻撃と同時にパンチなどで反撃できれば、2発めの攻撃の
　時間を与えず、相手の勢いも利用でき、威力は倍増する。

カウンターとは？

防御と同時に、または防御から素早く反撃すること。

Level up!

お腹の防御と同時に反撃

インサイド
ディフェンス
からのカウンター

Lesson29 の「インサイドディフェンス」でストレートパンチをブロックし、反撃します。反撃に使える時間は長くないので、最短距離で打てる顔面へのパンチが基本です。

スタート

ファイティングスタンスから始めます。

1 手のひらで
パンチの軌道を
そらす

右ストレートパンチを打ってきたら、自分の左手を少し前に出し、相手の腕の外側から内向きに動かして、パンチの軌道を変えます（インサイドディフェンス）。

★相手のパンチは、斜め下、水平方向のどちらに押し出してもかまわない。

★相手の手がじゃまだったり、身長差で顔面にパンチを打ちづらかったりするときは、ろっ骨やわき腹を狙う。

2 ディフェンスと同時に踏み込んでパンチを打つ

そのまま相手の右腕をずらし、左足を踏み込んで右ストレートパンチをあごや顔に打ち込みます。ディフェンスからパンチまで間を置かず、流れるように反撃しましょう。

自分の右手を左手で つかまれたときの リストリリース

自分の右手を相手の左手で引っ張られたときなどに、振りほどくワザ（リストリリース）です。自分の左手を右手でつかまれたときも、振りほどき方は同じです。

スタート 手をつかまれた状態から始めます（写真は、左手で右手をつかまれた状態）。

1 無理に抵抗せずに 手のひらを開く

大人には力で対抗できません。腕を引っ張られても、無理に抵抗せず、手のひらを開いて指先まで力を入れます。そのほうが、手や腕を素早くスムーズに動かすことができ、振りほどきやすくなります。

2 自分の手の甲が 上向きになるように 回転させる

手のひらを開いた状態から、手の甲が上向きになるように、素早く腕を回転させます。

★自分のヒジを相手のヒジに当たるくらいまで曲げるため、
　英語では「エルボー・トゥ・エルボー」と呼ばれる。
★ヒジを曲げるために相手に近づくときは、もう一方の手を
　あごの付近まで上げて、相手の攻撃に備えること。

3　一歩前に出ながら自分のヒジを曲げ、手を振りほどく

相手はふつう手をつかんだら引っ張ってくるので、引かれた方向に出ながら、自分のヒジを相手のヒジに当たるくらいまで曲げます。すると、テコの原理で相手の親指と人差し指の間（つかんだ指のつなぎめ）から手が抜けます。

4　相手から離れて次の攻撃に備える

手を離させることができたら、パッシヴスタンスまたはファイティングスタンスを取りながら、後ろに下がって距離を取ります。相手にダメージを与えたわけではありません。背中を向けず、攻撃に備えましょう。

自分の右手を右手でつかまれたときのリストリリース

自分の右手を相手の右手で引っ張られたときなどに、振りほどくワザ（リストリリース）です。自分の左手を左手でつかまれたときも、振りほどき方は同じです。

スタート

手をつかまれた状態から始めます（写真は、右手で右手をつかまれた状態）。

1 無理に抵抗せずに手のひらを開く

力では、大人に対抗できません。腕を引っ張られても、無理に抵抗せず、手のひらを開いて指先まで力を入れます。そのほうが、手や腕を素早くスムーズに動かすことができ、振りほどきやすくなります。

2 相手の指のつなぎめに自分の親指側を向ける

手のひらを開いた状態から、相手の親指と人差し指の間（つかんだ指のつなぎめ）の方向に、自分の親指側が向くように、素早く腕を回転させます。

★腕が伸びきった状態からヒジを曲げようとしても、力が
　入らない。引いてきた方向に一歩踏み込むことが大切。
★突然、手首をつかまれると固まって、声も出ないもの。
　一歩でも動けるように、トレーニングで体に覚え込ませよう。

3 自分の肩に向かって ヒジを曲げ、 手を引き抜く

そのまま、自分の肩に向かって手を持っていくことで、相手の手（指）から離すことができます。

4 相手から離れて 次の攻撃に備える

手首を離させることができたら、パッシヴスタンスまたはファイティングスタンスを取りながら、下がって距離を取ります。相手にダメージを与えたわけではないので、背中を向けず、攻撃に備えましょう。

ベンチで前から
突然手を引かれたら

座ってスマホや読書に夢中になっていると、不審者が接近していることに、なかなか気づきません。人目のある明るい場所かどうかを確認してから座りましょう。

野外では
ここに注意

1

逆らわずに立ち上がる

手を引かれるまま、逆らわずに立ち上がります。空いているほうの手を肩の高さまで上げ、ファイティングスタンスをとります。

ヒジとヒジを当てていき 手を振りほどく

自分の手の甲を上に向け、自分のヒジを相手のヒジに当てるつもりでひねって、手を振りほどきます。

ヒジ打ちで反撃する

手が外れると同時に、あごや顔面へヒジ打ちをして、反撃します。

股間蹴りをする

がら空きになった下半身へ、股間蹴りを打ち込みます。

連続攻撃でとどめを刺す

背中や首へハンマーパンチをするなど、さらに攻撃を続けます。

ダッシュで逃げる

相手のダメージを確認したら、すぐにその場から逃げます。

Lesson 36

両手を高い位置で つかまれたときの リストリリース

両手首を高い位置でつかまれたときに、相手の手を振りほどくテクニックです。腕をつかまれて、無理やり上へ引っ張り上げられたようなケースを想定したものです。

スタート

両手をつかまれ、上方に上げられた状態から始めます。

1 手のひらを開いて あごを引く

Lesson34 や Lesson35 のリストリリースと同じように、手のひらを開きます。この後の動作で頭突きされないようにあごを引きます。

2 両手を内向きに 回転させる

ヒジを中心に、左手は時計回り、右手は反時計回りに回転させます。親指側から内向きにひねるようなイメージで動かすといいでしょう。

★手を引き抜くときは、後ろに向かって左右同時にヒジ打ち
するイメージで行うと、大人の力にも対抗できる。
★相手の攻撃を恐れて、腰を引いて手だけを引き抜こうと
すると、力の強い相手には負けてしまう。

3　つかんでいる力が弱まったら自分の手を引き抜く

相手の腕がひねられ、つかんでいる力が
弱まります。相手の親指と人差し指の間
（つかんだ指のつなぎめ）から手を引き抜
きます。

4　後退しながら相手の攻撃に備える

引き抜いた後は、素早く後ろに下がりな
がら、パッシヴスタンスまたはファイティ
ングスタンスを取って、相手の攻撃に備
えましょう。

両手を低い位置で つかまれたときの リストリリース

両手を低い位置でつかまれたときに、相手の手を振りほどくテクニックです。ここでもヒジを使い、手を相手の指のつなぎめから引き抜く、という基本は変わりません。

スタート

手を下げていて、腰の高さくらいで、両手首をつかまれた状態から始めます。

1 手のひらを開いて 両手を上へ動かす

手のひらを開きます。相手の両手の間をすり抜けるイメージで、親指側を上に向けながら、ヒジから先を上げていきます。

2 つかんでいる力が 弱まるまで上げる

手を上げるにつれ、相手の手首が反り返り、つかんでいる力が弱まります。自分の顔の高さくらいまで上げるつもりで動かしましょう。

★〔3〕でヒジを押し出す感覚をつかむのが難しい人は、
　親指で自分の肩を叩くつもりで引き抜こう。
★勢いよく手を上げすぎて、自分で自分の目を攻撃してケガ
　をしないように注意すること。

3　ヒジを押し出して手を引き抜く

ヒジを曲げて、相手の方向に押し出すと、相手は腕や手首がそれ以上反り返らなくなり、腕を離さざるを得なくなります。

4　後退しながら相手の攻撃に備える

引き抜いた後は、素早く後ろに下がりながら、パッシヴスタンスまたはファイティングスタンスを取って、相手の攻撃に備えましょう。

両手で片方の手を
つかまれたときの
リストリリース

相手が両手で、片方の手をつかんできたときに振りほどくテクニックです。片手のときよりも、つかまれる力が強くなるので、自分も両手を使って対抗します。

スタート

両手で片方の手をつかまれている状態から始める。

1 自由なほうの手で つかまれた自分の手の 拳をつかむ

自由なほうの手（写真では左手）を相手の手と手の間に差し込み、つかまれている手の拳をつかみます。相手から引っ張られないよう、少し重心を落とします。

2 ヒジを曲げて 相手の手首より 拳を高く上げる

自由なほうの手で補助しながら、つかまれている腕のヒジを曲げ、拳を相手の手首より高い位置まで上げます。

★ヒジを横方向に倒すとき、相手の
　引く力に逆らわず、逆に少し踏み
　込むようにしよう。

相手の引っ張る力が強くて、リスト
リリースができないときは、引っ張
る力を利用して股間を蹴ります。そ
うして相手の力を弱めてから、改め
てリストリリースを試みます。

3 ヒジを横向きにして 手を振りほどく

縦向きだったヒジを、横方向に倒しなが
ら、自分のヒジを相手のヒジに当てるつ
もりで曲げます（Lesson34）。そして、「正
面方向へのヒジ打ち」（Lesson11）の動
きで、相手の手を振りほどきます。

4 後退しながら 相手の攻撃に備える

引き抜いた後は、素早く後ろに下がりな
がら、パッシヴスタンスまたはファイティ
ングスタンスを取って、相手の攻撃に備
えましょう。

道でカバンを
奪われそうになったら

1 カバンを
奪われないよう
に抵抗する

まずは、カバンを奪われないよう重心を落とし、引っ張っ
て抵抗します。しかし、力比べで大人に勝つことは難し
いため、すぐに方針を転換して反撃を開始します。

野外では ここに注意

カバンは、建物や壁、植栽などと距離の近いほうの手で持つようにしましょう。スペースがあるほど、カバンを奪われやすくなります。狙われないようにすることが、何より肝心です。

2 相手の引く力を 利用して 股間蹴りをする

相手の引いている力を利用して、前に踏み出し、勢いよく股間を蹴り上げます。

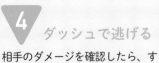

3 頭にカバンを振り下ろす

股間蹴りを受けて前傾姿勢になった相手の頭や首に向け、持っていたカバンを振り下ろします。相手がカバンを離さなければ、ヒジ打ちやハンマーパンチで攻撃してもかまいません。

4 ダッシュで逃げる

相手のダメージを確認したら、すぐにその場から逃げます。

前からの
首絞めの防御

前から首を絞められたときに、相手の手を引きはがすテクニックです。首を絞められれば、誰もが自然と手を首へと動かします。その反射的な動きを、そのまま防御に活かします。

スタート

両手で首を絞められた状態から始めます。

1 相手の手に 4本の指をかけて 外側へ引きはがす

拡大写真のように、親指以外の4本の指の、第2・第3関節をL字に曲げてそろえます。そのまま両手を上げて、相手の手の上にかぶせて、一気に外側へ引きはがします。

★相手の手を引きはがすには、パワーよりもスピードが重要。
警戒される前に、一気に引きはがそう。
★引きはがした弾みで、頭突きされないように注意。
あごを引いておくこと。

2　相手の両手を腕と胸の間にはさんで固定する

引きはがしたら、そのまま相手の手を、自分の腕と胸の間にはさんで固定します。自分の手を体から離さないようにして、ワキを締めるのがコツです。

3　すぐさま股間を蹴り上げる

相手の手を固定した状態で、股間蹴りを打ちます。相手が腰を引いて頭を下げたら、ヒジ打ちやストレートパンチなどでさらに攻撃します。

横からの 首絞めの防御

横から首をつかまれたときの防御方法です。相手の手の引きはがし方は、基本的に Lesson39 と同じです。片手で引きはがすのと同時に、もう一方の手で素早く反撃しましょう。

スタート

体の横から首を絞められた状態で、ニュートラルスタンスから始めます。

1 親指以外の指を曲げて 相手の手を引きはがす

相手から遠いほうの手（写真では右手）の指を、第2・第3関節をL字にそろえます（Lesson39）。その形のまま、目の前にある相手の手（写真では左手）の内側に引っかけ、勢いよく引きはがします。

2 手をつかんだまま 股間を攻撃する

引きはがした相手の手を握ったまま、自分の体に押さえつけます。同時に空いているほうの手（写真では左手）のひらを相手に向け、股間へ打ち込みます。

★手を引きはがすときは、自分の体のラインから離さない
　ように、胸元で相手の手首を保持すること。距離ができる
　と、強い力で引けない。
★手での股間攻撃では、指を食い込ませると、ダメージ大。

3 手は離さずに さらに反撃を加える

手を離さずに相手の自由な動きを奪ったまま、
下から上へのヒジ打ちやヒザ蹴りなど、ここま
でに紹介したワザを組み合わせて、さらに反撃
を続けます。

Lesson 41

後ろからの
首絞めの防御

相手の手を引きはがす方法は、基本的にこれまでのレッスンと変わりません。手を引きはがして終わりではなく、反撃時の連続ワザまで、一連の動きを覚えておくことが大切です。

スタート

後ろから首を絞められた状態で、ニュートラルスタンスから始めます。

1 肩をすくめて
相手の親指を
首から浮かせる

あごを引いて肩をすくめると、相手の親指が自分の首から少しだけ浮きます。こうすることで、相手の手に自分の指を引っかけるスペースをつくります。

2 親指以外の指を曲げて相手の手を引きはがす

〔1〕でつくった相手の親指と首の間のわずかなスペースに勢いよく手を差し込み、相手の手を引きはがしにかかります。両ヒジを自分のわき腹に引きつけるように、下方向に引くと強い力が出ます。

3 片方の手を離して股間打ちで反撃する

手を引きはがすと同時に片手（写真では左手）を離し、斜め後ろ（つかんだままの手のほう）へ一歩つめます。もう一方の手で相手の手をつかんだまま、離した手で股間へ攻撃します。

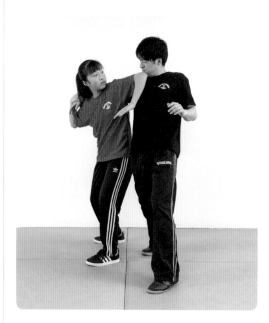

4 股間打ちの流れから あごやお腹を狙って ヒジ打ちをする

股間への攻撃で相手が頭を下げた
ところを狙い、あごやお腹へヒジ
打ちをします。後ろへのヒジ打ち
は力が入りづらいので、下半身の
力も使うように意識します。

5 顔面へ ハンマーパンチを 叩き込む

相手をつかんでいた手（右手）を
離し、ヒジ打ちと同じ方向へ回転
しながら、顔面にハンマーパンチ
（写真では左手）を打ち込みます。

6 ヒザ蹴りで とどめを刺し、 相手と距離を取る

最後に両手で相手の手と肩（写真
では右手と右肩）をつかみ、ヒザ
蹴りでとどめを刺します。相手の
ダメージを見て、その場を離れま
しょう。

★連続攻撃の間も、一つひとつのワザを全力で打ち込むこと。
　中途半端な攻撃はスキを生むことになり、危険。
★相手がダメージを受けて、動きが鈍くなるまで、
　片手はつかんだまま離さず、有利な体勢を維持しよう。

ベンチで後ろから
首を絞められたら①

1 上から下へ勢いをつけて
一気に手を引きはがす

首を絞めている相手の手の内側に、上方向から両手を差
し込み、一気に引きはがします。「後ろからの首絞めへ
の防御」（Lesson41）と同じ方法です。

野外では
ここに注意

後ろから接近する相手に気
づくには、聞こえてくる音
だけが頼りです。人けの少
ない野外では、イヤホンで
音楽を聴きながら、読書を
したり、休んだりしないよ
うにしましょう。

2

手をつかんだまま
振り返って腕をひねる

引きはがした相手の片手をつかん
だまま回転して、向き合います。
同時にもう一方の手も使って、相
手の腕を外側へひねり上げます。

3

片手を離して
ストレートパンチで
反撃する

片手はつかんだまま、もう一方の手で顔面
やあごへストレートパンチを打ち込みます。

ダッシュで逃げる

相手のダメージを確認したら、す
ぐにその場から逃げます。

前から
押されながらの
首絞めの防御

体の正面から首を絞められ、押されると、とっさにバランスを取ろうとして、自分の手をのどに持っていくのが難しくなります。そんなときに、相手の手を引きはがし、反撃するワザです。

スタート

前から両手で首を絞められて押された状態から始めます。

1 片足を一歩引いて
逆側の手を
突き上げる

片足（写真では右足）を一歩引き、同時に逆側の手（左手）を、自分の腕が耳にふれるくらい、大きく上へ突き上げます。そのまま足は動かさず、上げた手と反対側に体を90度回転させます。その際、肩と顔の間に、相手の手首をしっかりとはさみ込んで回ると、手首が反り返ってのどを絞めている力が弱まります。

2 ヒジ打ちで手を引きはがし同時に手をつかまえる

ヒザを折って体重を乗せながら、突き上げた手のヒジを、相手の腕に振り下ろします。手を引きはがすと同時に、空いた手（右手）で相手の両手をつかみます。

3 手をつかんだままヒジ打ちなどで反撃する

つかんだ両手を自分の体から離さないようにして、反撃を開始します。Lesson12の「横方向へのヒジ打ち」を顔面へ打ち込み、さらにヒザ蹴りなどで連続攻撃します。

★ポイントとなるのは、ヒジ打ちではなく、体の回転。
　上げた腕（肩）と顔の間に手をはさんでおくこと。
★あせって体の回転が中途半端になると、腕へのヒジ打ちが
　うまく決まらず、相手の手を引きはがせなくなる。

後ろから押されながらの首絞めの防御

後ろから首を絞められて押されたときに、手を引きはがして反撃するワザです。基本的にはLesson42の前から押されたときと同じように、片手を突き上げ、体の回転で手を引きはがします。

スタート

後ろから両手で首を絞められて押された状態から始めます。

1 自然な反応を利用し片腕を上げる

後ろから押されると、倒れないよう足を前に出し、両手が前へ上がった格好になります。その自然な動きにしたがって、前に出した足（写真では右足）と逆の腕（左腕）を肩の上まで上げます。

2 鋭く回転して相手と向き合う

上げた腕の方向へ回転します。同時に、その腕でヒジ打ちをするようにして相手の手を引きはがします。相手と正面で向き合うまで回転し、反撃を開始します。

★Lesson42と違って、90度以上回転して、相手と正面から向き合うところまで回ること(できれば、180度回転して向き合う)。
★相手の押しが強いときは、左足を一歩引いておくことが重要。

3 相手の手を固定し顔面へのパンチで反撃

上げていた腕(左腕)をそのまま下げ、相手の手をワキの下にはさんで固定します。相手の自由を奪ったところで、顔面へ右パンチを打ち込みます。

4 相手の手を固定したまま、ヒザ蹴りを連打

反撃の手を緩めず、ヒザ蹴りなど、連続でワザをくり出します。そのときもワキの下に固定した手は離さず、相手に自由に攻撃や防御をさせないようにします。

後ろから引かれながらの首絞めの防御

後ろから首絞めをされて、そのまま引かれたときに、手を引きはがして反撃するワザです。Lesson41の後ろからの首絞めのときよりバランスを崩しているため、体勢を保つことを意識しましょう。

スタート

後ろから首を両手で絞められた状態の、ニュートラルスタンスまたはパッシヴスタンスから始めます。

1 足を使って体のバランスを取る

後ろから引っ張られるため、片足（写真では左足）を一歩後ろへ出して、バランスを取ります。両手（親指以外の指）を、相手の親指の付け根辺りに差し込みます。

2 体を回転させて手を引きはがす

後ろへ下げた足側の手（写真では左手）で相手の片手をつかんだまま、もう一方の手（右手）を離して体を回転させ、両手で相手の手をつかみます。

★反撃中、つかんだ手は基本的に離さないこと。
★手を離すのは、相手がダメージを受け、完全に戦闘意欲を失ってからにすること。手を離したら、すぐに距離を取り、逃げるかどうか判断しよう。

Level up!

\ Level up-1 \   \ Level up-2 \

手首をひねるとき、片手だと力が足りず、すぐに振りほどかれてしまいます。相手の手の甲を、親指側と小指側から、両手ではさむようにしてつかみます。

3 つかんだ手首をひねり押し込む

体の回転の勢いのまま、下半身も回転させ、右足を一歩相手に向かって踏み出します。同時につかんだ相手の手をひねりながら、押し込みます。

4 相手の手を効かしつつ反撃する

手を離さずに、相手に自由に攻撃や防御をさせないようにしたまま、股間蹴りやヒザ横への蹴りなどで反撃します。

壁際で前から首絞めされたときの防御

壁際でも、防御と反撃の基本的な方法は Lesson42 の「前から押されながらの首絞めの防御」と同じです。一つだけ違うのは、回転する際に壁側の肩を下げることです。

スタート

首を絞められて、壁に押しつけられた状態から始めます。

1 壁を背にしたまま片腕を突き上げる

壁を背にしたまま、片方の手（写真では右手）をまっすぐ上に突き上げます。腕が耳につくくらい、しっかりと上げ、相手の手をはさみます。

2 体を鋭く回転させ壁側の肩を下げる

壁側の肩（左肩）を少し下げながら、上げた手と反対側に体を 90 度回転させます。頭と体が壁から離れないようにしましょう。

★壁側の肩を下げて回転するのは、水平のまま回転すると、
余計にのどに圧力がかかり、手がはがれにくくなるため。
★また壁側の肩を下げて回転すると、下げた側の相手の首
を絞める手もよりひねられるため、緩みやすくなる。

3 上からのヒジ打ちで 手を引きはがすと同時に 手をつかまえる

ヒザを折って体重を乗せながら、突き上げた
手のヒジを、相手の腕に振り下ろします。手
を引きはがすと同時に、空いた手（左手）で
相手の両手をつかみます。

4 両手をつかんだまま ヒジ打ちで反撃する

つかんだ両手を自分の体から離さない
ようにしながら、反撃を開始します。
Lesson12 の「横方向へのヒジ打ち」を、
曲げていたヒジを使って、顔面へ打ち込
みます。

5 体勢を入れ替えて 反撃を続ける

両手をつかんだまま、相手と体を入れ替
えます。相手が壁側に移ったら、手を離
してヒザ蹴りを打ち込みます。ダメージ
を与えたら、再度、壁側に押しつけられ
ないように、壁から距離を取りましょう。

壁際で前から
首を絞められたら

1 頭を打たないように
あごを引く

壁に押しつけられそうになったら、頭を強打しないよう
にあごを引きます。あごを引くことで、首も絞められに
くくなります。

② 腕へのヒジ打ちで 手を引きはがす

体を 90 度ひねりながら、片手を、腕が自分の耳につくように高く上げて、相手の腕へヒジを振り下ろします。もう一方の手を下から上げてきて、相手の腕を下からかかえます。

③ 両手を押さえたまま 顔面へヒジ打ち

両手の自由を奪ったまま、[2]で振り下ろしたヒジで、そのまま「横方向へのヒジ打ち」(Lesson12)を顔面へ打ち込みます。

4 体勢を入れ替えて 壁へ押しつける

相手の手をつかんだまま、ヒジ打ちをした手で、相手の
首もと辺りを押さえつけ、体勢を入れ替えます。そのま
ま、壁へ押しつけます。

踏みつけるように
ヒザ裏をキック

すぐに追いかけてこら
れないように、相手の
ヒザ裏を足の裏全体で
踏みつけるように攻撃
します。

**野外では
ここに注意**

壁際にかぎらず、野外では
コンクリートなどに頭を打
ちつけることを警戒してく
ださい。頭が揺れて、脳が
頭蓋骨にぶつかると危険で
す。あごを引き、衝撃を最
小限に抑えましょう。

ダッシュで逃げる

相手のダメージを確認したら、すぐ
にその場から逃げます。

壁際で後ろから首絞めされたときの防御

Lesson43 の「後ろから押されながらの首絞めの防御」と同じ方法で手を引きはがします。壁際にとどまるのは危険なため、体を入れ替えて、相手を壁側に押しつけて反撃します。

スタート

後ろから首を絞められたまま壁に押しつけられた状態から始めます。

1 一方の手を突き上げ逆の手と肩は下げる

壁に顔がぶつからないように横を向き、顔を向けたほうの腕（写真では右手）を真上に突き上げ、相手の手を顔との間にはさみます。逆の手と肩は少し下げます。

2 頭と体を壁から離さず体を鋭く回転させる

相手の腕にヒジを打ち下ろすイメージで、体を回転させます。逆側の手と肩は下げたまま、壁から頭と体が離れないようにします。

3 相手と向き合い腕をワキの下にはさむ

ヒジ打ちの要領で手を下ろしながら、相手の腕をワキにはさみ、固定します。相手と向き合う形になります。

4 相手の腕をはさんだままヒジ打ちで反撃

反撃の開始です。相手の腕を離さないよう気をつけながら、空いた腕（左腕）で、「正面方向へのヒジ打ち」（Lesson11）で顔面を攻撃します。

5 相手の手と 肩をつかみ 壁に押さえつける

ワキにはさんでいた相手の右手の
手首をそのままつかみ、逆の手（左
手）で相手の肩辺りを押しながら、
壁に押しつけます。

6 ヒザ蹴りなどで 攻撃し、 壁から離れる

手をつかんだまま、ヒザ蹴りや背
中へのヒジ打ち、背中へのハンマー
パンチなどで攻撃します。攻撃後
は素早く壁から離れて、次の動き
に備えます。

HINT!

★相手に壁に押しつけられたときに、顔が向いている方向
　へ体を回転させるのが自然な動き。
★〔4〕ではヒジ打ちでなく、パンチや股間蹴りでもかまわ
　ない。いずれにしても早く相手を壁側に立たせよう。

狙われないように
しよう①

　危険が迫ったら、逃げるのが先決です。周囲に武器になるようなものがあれば、迷わず手に取ります。そうしたこともかなわない状況の最終手段が、クラヴマガの護身術です。

　ですから、なにより大事なのは、危険な状況に陥らないようにすることです。日本の未成年者が被害にあった事件は、暴行・傷害・脅迫・恐喝の 4 件だけでも、年間で 8,000 件を超えます（平成 30 年度、警察白書）。不必要なお金は持ち歩かない、財布やカギは見えないように持つ、繁華街などリスクの高い場所には近づかないなど、普段から危機意識を持って行動しましょう。

身の回りのおもな危険と対策

場所	おもな対策
道路や公園など 人の少ない場所	・人通りの少ない道を歩くときは周囲に目を配る。 ・イヤホンで音楽を聴きながら、ランニングや夜道の一人歩きをしない。 ・不審者に気づいたらすぐに逃げるか、電話をかけるふりをする。
駅や商業施設など、 人の多い場所	・ホームや階段から突き落とされたり、突然、刃物で襲われたりしないように、不審者に注意する。
ゲームセンターや テーマパークなど	・カツアゲなどの標的にならないように、支払い時などもなるべく財布を見せない（バックやカバンの中から取り出さない）。
自宅	・玄関ドアはインターホンで相手を確認してから、またはチェーンロックをしてから開ける ・帰宅時は、だれかに後ろをつけられていないか確認してから、カギを開ける。
ファミレスなど 飲食店	・薬物を入れられないように、飲み物を置いたまま、席を離れない。 ・よく知らない人からごちそうされない
そのほか	・エレベーターでは、できるだけ操作ボタンの近くの壁に背中を向けて立つ。 ・相手が顔見知りでも、基本、二人きりにならない。

実 戦
クラヴマガ

壁際で後ろから
首を絞められたら

1 壁に手をつき
頭や顔を防御してから
片手を真上に突き上げる

壁に押さえ込まれる瞬間に、両手を壁につき、頭を打たないようにします。その状態から、片手を真上に突き上げ、相手の腕にヒジ打ちをするように回転し始めます。相手の状態をできるだけ目で確認してください。

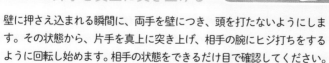

**野外では
ここに注意**

後ろから首を絞められた
状態では、壁に頭を打ち
つけられる可能性があ
り、非常に危険です。す
ぐ壁に両手をついて、少
しでも壁との間に距離を
取りましょう。

2

腕を挟んだまま
ヒジ打ちで反撃する

相手の腕をワキの下にはさんで自由
を奪いながら、もう一方の手で、「正
面方向へのヒジ打ち」（Lesson11）
を顔面へ打ち込みます。

3

相手の手と肩をつかみ
壁に押さえつける

ワキに挟んでいた相手の腕を手でつか
み、逆の手で相手の肩辺りをつかんで、
壁に押しつけます。

4　## ダッシュで逃げる

相手のダメージを確認したら、すぐに
その場から逃げます

Lesson 47

前から
抱きつかれたとき
（ベアハッグ）の防御①
（手は自由／スペースありの場合）

正面から肩の辺りに抱きつかれているものの、両手の自由が利くときの防御です。まずは相手に密着されないように、しっかりと両手で防いでから反撃に移ります。

スタート

パッシヴスタンスから始めます。

1 相手の腰に手を当てて体の距離を離す

相手の腰に手のひらを当てて、近づいてこられないようにします。持ち上げられないように、片足（写真では右足）は一歩引いて重心を落としておきます。

2 後ろに引いた足で反撃する

相手の腰に当てていた手で前進する力を止めたら、反撃に移ります。一歩引いておいた足（右足）で、股間やお腹を狙って、ヒザを打ち抜きます。

★相手の勢いで倒されないこと。また両手でクラッチされないように（右手と左手をつながれないように）する。
★抱きつかれたときはあごを引いて、弾みで頭突きをされないように注意しよう。

ベアハッグとは❓

格闘技で使われるワザの１つで、相手の胴体に抱きついて締め上げることを指します。相手をクマ（ベアー）のようにつかむ（ハグする）ことから、名づけられました。

3 相手の腕をつかみ ヒジ打ちでさらに攻撃

蹴った足を戻し、その足と逆側の手（写真では左手）で相手の腕をつかみます。相手が離れないように、つかんだ手は固定し、顔面へヒジ打ちします。

4 相手と向き合ったまま すぐに離れる

相手がひるんだら、下がって距離を取ります。相手から視線を切らずに、向き合ったまま離れること。ファイティングスタンスを取りながら下がりましょう。

前から
抱きつかれたとき
（ベアハッグ）の防御②
（手は自由／スペースなしの場合）

正面から胴に抱きつかれ、ヒザ蹴りなどのワザを出せるスペースがないときの防御です。両手の自由が利く場合には、その手で、すぐに相手の顔面へ攻撃をします。

スタート

前から抱きつかれて、両手が使える状態から始めます。

1 相手の頭に腕を回して髪をつかむ

ベアハッグは体を密着させるため、相手の顔が左右どちらかを向きます。顔の向いていないほうの腕（写真では左腕）を相手の頭に回し、頭の横側（側頭部）の髪をつかみます。

2 相手の頭をひねって体から引きはがす

相手の頭をひねって、顔を自分の体から引きはがします。片手だけで引きはがせないときは、もう一方の手で相手のあごを押して補助します。

★相手が短髪で髪をつかめないときは、頭に回した手で
　鼻をつかみ、そのまま親指で目を攻撃する。
★持ち上げられないように、ヒザを少し曲げて重心を落とし
　ておくこと。

3 空いた顔面や首に
パンチを打ち込む

相手の頭が離れたら、顔面や首へストレートパン
チやハンマーパンチを打ち込みます。髪をつかん
でいる手を、離さないようにしましょう。

前から
抱きつかれたとき
（ベアハッグ）の防御③
（手は制限／スペースなしの場合）

正面から腕ごと抱きつかれてしまったときの防御です。密着しているため、まずすべきことは、相手との間に反撃できるだけのスペースをつくることです。

スタート

両腕の上から抱きつかれて、密着されている状態から始めます。

1 動かせる手で 相手の股間を攻撃

わずかに動かせる手を使って、相手の股間を攻撃します。手首だけ曲げての攻撃でも、片手でも、両手でもかまいません。相手に反射的に腰を引かせるのが目的です。

2 相手の腰に手を当てて 体の距離を離す

相手が腰を引いたら、Lesson47と同じように両手を相手の腰に当て、それ以上近づけないようにします。反撃の準備に片足（写真では右足）を一歩後ろへ引いて体勢を安定させます。

第3章　防御と反撃のテクニック

★手がまったく動かせないほど密着しているときは、腰を
　少しでも後ろにずらし、手を動かせるスペースをつくる。
★股間への攻撃は打撃だけでなく、つかんだりねじったり
　してもかまわない。

3 後ろに引いた足で 反撃する

一歩引いておいた足（右足）で、
股間やお腹を狙って、ヒザを打ち
抜きます。Lesson47 と同じ動き
になります。

4 相手と 向き合ったまま すぐに離れる

相手がひざまずくまで、パンチや
ヒジ打ちなど、さらに攻撃を加え
ます。相手に十分なダメージを与
えたら、後ろに下がって距離を取
ります。

Krav Maga for Junior | **165**

後ろから抱きつかれたとき（ベアハッグ）の防御① （両手が使える場合）

後ろから抱きつかれたときの防御です。最初の攻撃でスペースやスキをつくり、体勢を整えてから反撃する流れは、「前から抱きつかれたときの防御」と基本的に同じです。

スタート

後ろから抱きつかれて、両手が使える状態から始めます。

1 重心を落とし、体重を前にかける

かかえ上げられないようにするため、ヒザを少し曲げて重心を落とします。片足（写真では左足）は一歩前へ出して、やや前へ体重をかけます。両手は相手の手のつなぎ目部分に当てます。

2 顔面を狙って ヒジ打ちを 打ち込む

体の前で組まれた相手の手をつかんで、もう一方の手で顔面を狙って後ろ向きにヒジ打ちします。相手の手が緩むまで、左右のヒジを連続して打ち込みます。

3 首もとに右手を 当てて 体を回転させる

相手の手が緩んでスペースができ たら、首もとに右手を押しつけな がら、体を回転させます（左手は 相手の手をつかんだまま、離しま せん）。

4 首もとに置いた手で 相手の動きを 止める

そのまま相手と向き合うまで180 度回転し、首もとに当てた右ヒジ は下方向へ、手首をつかんでいる 左手は上方向に力をかけて、相手 の動きを止めます。

5 ヒザ蹴りや 股間蹴りで 反撃する

相手は腕をひねられる形になるため、自然と体が前に傾きます。そこを狙って、無防備となった股間やお腹にヒザを蹴り込みます。

6 相手と 向き合ったまま すぐに離れる

相手がひざまずくまで、攻撃を加え、十分なダメージを与えたら、後ろに下がって距離を取ります。相手の反撃を警戒しつつ、その場を離れます。

★ヒジ打ちで効果がなければ、スネへのバックキック
　（Lesson25）や、踏みつけ（Lesson26）なども試みる。
★首もとに手を当てるときは、手のひらでつかむのではなく、
　前腕全体を当ててブロックするイメージで行う。

Lesson 51

後ろから
抱きつかれたとき
（ベアハッグ）の防御②
（両手が使えない場合）

後ろから両腕の上から抱き
つかれたときの防御です。
最初の攻撃でスペースやス
キをつくり、体勢を整えて
から反撃する基本的な流れ
は、Lesson50 と同じです。

スタート

後ろから、両腕ごと抱きつかれ
た状態から始めます。

1 重心を落とし、前体重で 相手の手をつかむ

かかえ上げられないようにするため、ヒ
ザを少し曲げて重心を落とします。片足
（写真では左足）は一歩前へ出して、やや
前へ体重をかけます。相手の手を両手で
つかみます。

2 腰をずらして 後ろ向きへ股間打ち

腰を左右どちらかに動かして、自分の手
が通れるスペースをつくります。そのス
ペースを使って、片手（写真では右手）
で後ろ向きに相手の股間を攻撃します。

後ろへの股間蹴り

スタンピング

3　股間蹴りや スタンピングで スペースをつくり出す

股間打ちだけではうまくスペースをつくれなかったときは、「後ろへの股間蹴り」（Lesson25）や「スタンピング」（Lesson26）などで、さらに攻撃を続けます。

4　ヒジ打ちで 相手とスペースをつくる

股間や足への連続攻撃で相手の手が緩んだら、体重を移動したりもがいたりして手を振りほどき、お腹へヒジを打ち込み、相手との間にスペースをつくります。

ベアハッグの防御

5　体を回転させて相手の手と肩をつかむ

十分なスペースができたら、体を回転させて、相手に遠いほうの手（写真では左手）は手首をつかみ、近いほうの手（右手）は首もとに押しつけます。

6　ヒザ蹴りや股間蹴りで反撃する

首もとに当てた右手は下方向へ、手首をつかんでいる左手は上方向に力をかけながら、相手と向き合うまで回転します。そして、無防備となった股間やお腹にヒザを蹴り込みます。

★Lesson50と違って、回転する前にいったん相手の手を離すことになる。反撃されないように、その前のヒジ打ちで確実にダメージを与えておこう。
★体を回転させて、すぐ腕をつかめるように練習しよう。

狙われないように
しよう②

157 ページでも取り上げたとおり、日本でも日常生活のなかに多くの危険がひそむようになってしまいました。危険な場所には出向かない、危険な行為は避けるなどの対策が必要です。

また、攻撃者の多くが、事前にターゲットを観察して選んでいることがわかっています。たとえば、しばらく後ろをつけていて、攻撃しやすそうな相手だと確信したうえで、人けのない場所に足が向いたところで犯行に及ぶのです。

このとき、ターゲットにされやすいのが、「自信のないように見える人」です。たとえば、「地面を見ながらうつむきかげんに歩いている人」と、「背筋を伸ばしてしっかり前を見て歩いている人」をイメージしてみてください。攻撃者に狙われやすいのは、考えるまでもなく「自信のないように見える人」でしょう。

自信にあふれていることを示すには、「猫背にならず」「頭を上げ」「胸を張り」「前を見て」「自然な歩幅で」「リラックスして歩く」ことです。たとえ自分に自信がない人でも、こうすることで自信があるように見せることができます。また、「何時までに到着しよう」「家に帰ったら〇〇をしよう」と、目的を持つだけでも歩き方は変わってきます。

気をつけたいのは、嫌なことがあったり、イライラしたりしているときです。悩みをかかえていれば、どうしても弱々しい様子になりがちですし、イライラしていれば、注意散漫なことが周りにも伝わってきます。護身には、感情をうまくコントロールすることも大事なのです。

後ろから抱きつかれたとき（ベアハッグ）の防御③（手は自由／スペースなしの場合）

Lesson50と違って、相手が自分の頭を背中に押しつけていると、ヒジ打ちすることができません。そのときは、指取りのテクニックで腕を引きはがします。

スタート

後ろから抱きつかれて、両手が使える状態から始めます。

1 相手の手首を押さえて指を引きはがしにかかる

相手が両手首をつかんで固定します。上側の手首をつかんでいる手（写真では左手）は離さずに、下側の手（右手）で相手の指をはがしにかかります。

$\underline{2}$　**指を一本引きはがして
手のひらでつかむ**

どの指でもいいので（ふつうは人差し指）、引きはがすことができたら、手のひらでくるむようにつかんで孤立させます。つかんだ指を、手の甲側に反り返るように押し込みます。

3 つかんだ指を 押し込み ベアハッグを外す

押し込んだ後、すぐに指先の方向 へ引っ張ると、ベアハッグが外れ ます。指と手首をつかんだまま、 体を回転させます。

4 体を回転させて 反撃を開始する

相手と向き合うまで回転したら、 手首をつかんでいる左手は手前に、 指をつかんできる右手は前に力を 加え、相手の指と手首を反り返ら せます。

5 指をつかんだまま股間蹴りで攻撃する

手の防御にいっぱいで、無防備になっている股間に蹴りを打ち込みます。十分に当たらなくても、相手は股間の防御で頭を下げるので、顔面にヒザ蹴りをしたり、さらに指を極めたりすることもできます。

★お腹を強く引き寄せられて、相手の手の位置が見えなくても、あせらずに相手の腕に手をすべらせて指を探そう。
★指をはがすときは、指先から行うこと。相手の握力が強いと、指の根元や途中からはがすのは難しい。

後ろから
抱きつかれたら

抱きついたり、抱きかかえたりしてくる
ときは、トイレや車への連れ込みを警戒
する必要があります。目突きなどを使っ
てでも、すぐに脱出を試みましょう。

野外では
ここに注意

1

ヒザを曲げて
重心を落とす

かかえ上げられないようにするた
め、足を前後に開き、ヒザを少し
曲げて重心を落とします。

2

顔面を狙って
ヒジを打ち込む

腕を振りほどくため、顔面へヒジ
を打ち込みます。一撃で効かなけ
れば、連続で攻撃します。

3

相手の足の甲を踏みつける

「スタンピング」（Lesson26）で相
手の足の甲を踏みつけます。

4

後ろへの股間蹴りで
反撃を続ける

「後ろへの股間蹴り」（Lesson25）や正
面に向き直りながらヒジ打ちするなど、
反撃を続けます。

5

ダッシュで逃げる

相手のダメージを確認したら、す
ぐにその場から逃げます。

Lesson 53

前からかかえ上げられたときの防御

体をかかえ上げられると、足の踏ん張りが利かないため、打撃で反撃しようとしても、思うように力が入りません。まずは自分の手や足を相手の体に置くなどして、踏ん張れる支点をつくるようにします。

スタート

正面の相手にかかえ上げられた
状態から始めます。

1 片足を相手の足に引っかける

体を持ち上げられたら、両手は相手の腰辺りに置き、上半身を支えます。下半身は片足（写真では左足）を相手の足（できればヒザの内側）に引っかけて安定させます。

★ヒザ蹴りの前に、手足を相手の体にしっかりと固定すること。固定できないと、蹴ったときにバランスをくずし、かえって相手に有利な体勢になる危険がある。
★抱きかかえられた状態からの「目突き」(Lesson7)も有効。

2 股間蹴りで反撃する

もう一方の足を大きく振りかぶり、股間を蹴ります。ダメージが大きいと、相手はすぐに手を離すかもしれません。安全に着地できるよう、心の準備をしておきましょう。

3 離れなければのどや顔面を攻撃する

着地してもベアハッグの手を離さないときは、「髪をつかむ」「目を突く」「顔面やのどへのハンマーパンチ」などで、連続攻撃します。

後ろからかかえ上げられたときの防御

後ろからのベアハッグで抱きかかえられたときは、Lesson25 の「近距離での後ろ蹴り」をすぐに股間へ打ち込みます。相手の手が離れ、着地できたら、相手と向き合って反撃を開始します。

スタート

後ろにいる相手にかかえ上げられた状態から始めます（両手は使える状態でも、使えない状態でも OK）。

1 片足を固定し、もう片方の足を振り上げる

相手にかかえ上げられたら、後ろへ股間蹴りをするため、片方の足（写真では左足）を前へ振り上げながら、もう片方の足（右足）を相手の足に引っかけて体を安定させます。

2 後ろに股間蹴りをする

「近距離での後ろ蹴り」（Lesson25）を股間に打ち込みます。〔1〕で相手の足に自分の足を引っかけておくことで、投げられたり、振り回されたりするのを防ぎます。

★Lesson53とは違い、相手に引っかけた足は支点にするというよりも、投げられたりするのを防ぐのが目的。
★うまく股間に当たらなくても、相手が警戒して腕の力が緩めば、かかえ上げられたまま、ヒジ打ちすることもできる。

3 着地したら顔面へヒジ打ちする

ベアハッグが外れたら、相手に引っかけていた自分の足を外して着地し、ヒジ打ちなどで反撃します。このとき、片手（写真では左手）で相手の手を押さえ、後ろから攻撃されにくいようにします。

4 相手と向き合いさらにヒザ蹴りを打つ

ヒジ打ちでできたスペースを使って体を回転させ、相手に向き合って反撃を続けます。Lesson50と同じように、相手の手と肩をつかみ、ヒザ蹴りを打ち込みます。

横からの ヘッドロックの 防御

肩に回された腕を振りほどこうとしたところ、そのまま首に腕を回されたなど、横からのヘッドロックはケンカのときなどによく見られるワザです。対処方法をしっかりと学んでおきましょう。

スタート

横からヘッドロックされた
状態で始めます。

1 足を一歩前へ踏み出し 股間を攻撃する

ヘッドロックされると、頭を前や下へ強く引かれます。そのまま首投げされる危険があるため、足（写真では右足）を一歩前へ出してバランスを取ります。その足と同じ側の手（右手）で、相手の股間を攻撃します。

2 後ろの手で相手の 顔を引きはがす

股間を攻撃するのと同時に、もう一方の手（左手）を相手の背中側から上げていき、顔を引きはがします。人差し指を鼻の下に、親指をあごにあて、ヒジをまっすぐ下げて相手のあごを上げます。

3 ハンマーパンチ などで反撃する

相手のあごが上がったら、顔面やのどに向かって「ハンマーパンチ」（Lesson8）を打ち込みます。一度のパンチで効かなければ、連続して攻撃します。その間、できるだけ相手の顔から手を離さず、立ち上がれないように、下方向に力を加えましょう。

HINT!

★ヘッドロックされているときは、できるだけ顔が露出しないように、相手の体の方向に向けて押しつけておくこと。顔面にパンチをしにくくなる。

★相手が長髪なら顔ではなく、髪を引っ張ってもかまわない。

後ろからの ヘッドロックの 防御

首に後ろから腕を回され、のどをつぶされそうになったときの対処方法です。太い血管がふさがれ、意識を失ってしまう可能性もあるため、素早く手を引きはがして反撃に移りましょう。

スタート

相手が後ろから首に腕を回してきた状態から始めます。

1 結んだ相手の手に 向かって 両手を伸ばす

首が圧迫されないようにあごを引きます。続いて、両手を一方の肩越しに、相手が手を結んでいる部分めがけて、しっかりと後ろへ伸ばします。その際、できるだけ勢いよく、目つぶしをするつもりで腕を振り上げましょう。それだけで相手がひるむ場合もあります。

2　手をつかんだら 一気に下げる

両手で相手の手をつかんだら、自分の胸（写真では左胸）に沿って一気に引き下げ、首から引きはがします。同時に相手に遠いほうの肩（写真では右肩）を上げ、相手のワキを開かせ、内向きに回転する体勢を取ります。

Level up!

〔2〕で相手の手を引き下げたら、片手を離して股間打ちする方法もあります。

Lesson 56

3 手をつかんだまま ワキの下から 頭を抜く

体を内向きに回転させながら、相手のワキの下のスペースから、頭を抜きにかかります。あごが相手の腕に引っかからないように注意しましょう。相手の手はつかんだまま離しません。

4 攻撃されない ように 相手の横側に立つ

頭を抜くと同時に、相手の横側に立ちます。頭を抜くときに、相手の背後に回るようなイメージを持つといいでしょう。このときもまだ手は離しません。

5 自分の得意ワザで反撃する

ヘッドロックから完全に抜け出したら、すぐ反撃します。写真では股間蹴りですが、顔面へのヒザ蹴りや、右足への回し蹴りなど、自分の得意ワザで反撃しましょう。時間を与えず、連続攻撃します。

★〔1〕で後ろに手を伸ばすとき、相手に近いほうの手
（写真では左手）が先行してもかまわない。
★ただし、必ずもう一方の手も伸ばし、引き下ろすときは
両手で行うこと。片手では引きはがせない。

ベンチで後ろから
首を絞められたら②

1

後ろに両手を伸ばし
目を突く

相手が警戒する前に、両手の指をそろえて
頭の後ろに伸ばし、相手の目を突きます。

2

相手の手をつかんで
引き下げる

目突きをした両手でそのまま相手の手
の結び目をつかみ、引き下げます。

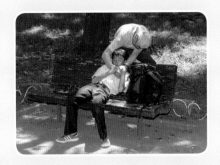

3 お尻を滑らせて
ワキの下からすり抜ける

相手の手をつかんだまま、お尻を前へ滑ら
せ、体を回転させて、相手のワキの下から
頭を抜きます。

4 手をつかんだまま
ストレートパンチで反撃

相手と向き合うと同時に、ストレー
トパンチを打って反撃します。

5 ダッシュで逃げる

相手のダメージを確認したら、す
ぐにその場から逃げます。

野外では
ここに注意

公園は子どもが多いため、不審者に狙
われやすい場所です。死角も生まれや
すいため、くつろぐときは周りに人が
いる場所を選びましょう。

Lesson 57

胸ぐらをつかまれたときの防御①（手を振りほどけた場合）

胸ぐらをつかまれたときは、片手を突き上げ、相手の手に打ち下ろして、一気に引きはがします。手を引きはがしても、相手は自由なため、攻撃に備えてすぐ距離を取ります。

スタート

パッシヴスタンスで、胸ぐらを
つかまれた状態から始めます。

1 足を一歩引き、つかまれている側の手を上げる

つかまれている胸ぐらと反対側の
足（写真では右足）を一歩引き、
相手に押されても引かれても対応
できるようにしながら、つかまれ
ている側の手（左手）を高く突き
上げます。

★警戒される前に、素早く振りはらおう。振りはらっても、
　相手はノーダメージなので、すぐに次の攻撃に備えよう。
★一歩下がり、自分の胸と相手の手の間にスペースを
　つくることが大切。

2 手を振り下ろして相手の手を外へ振りはらう

突き上げた手を、相手の腕の内側に下ろしながら、
体の外側に勢いよくはらいます。腕で 360 度の円を
描くようなイメージです。

3 すぐに相手と距離を取る

すぐに相手から離れて、距離を取ります。パッ
シヴスタンスで戦う意思がないことを見せま
すが、相手が攻撃してきたらファイティング
スタンスに切り替えましょう。

Lesson 58

胸ぐらをつかまれたときの防御②
（手を振りほどけなかった場合）

Lesson57のワザを試みたものの、相手の手を振りほどけなかったときの対処方法です。回転させた腕をそのまま相手の腕に巻きつけ、体重を乗せながら相手を押さえ込みます。

スタート

ニュートラルスタンスまたはパッシヴスタンスで、胸ぐらをつかまれた状態から始めます。

1 手を上げて振り下ろし、相手の手を外へ振りはらう

Lesson57と同じように、突き上げた手（写真では左手）を、相手の腕の内側に下ろしながら、円を描くように体の外側にはらいます。しかし、相手の力が強く、手を振りはらえなかったときは方針転換します。

★正面から向き合わないように、つねに相手の横から背後
　の位置にいることを意識しながら、肩を押し込む。
★正面で向き合う形になると、相手をくずすことが困難になり、
　反対に相手のパンチや頭突きが届いてしまう。

2　ワキの下から手を差し込み
　相手の肩に圧力をかける

左手をそのまま相手のワキの下に差し込み、
相手を投げるようなイメージで、肩に下方向
へ圧力をかけます。

3　両手を組んで
　相手の肩をロックする

空いていた手（右手）を左手の位置まで動かし、
両手を組んで相手の肩をロックします。

4　肩を下へ押し込み
　相手の動きを止める

そのまま、相手の肩をひねり上げながら、下
方向へ押し込みます。腕の力だけでなく、体
重を上手に乗せましょう。相手がヒザをつい
たら、無防備になっているお腹やわき腹に蹴
りを打ち込みます。

後ろから口をふさがれたときの防御

相手の手を引きはがすのが先決です。助けが呼べるよう、声を出せるようにするのはもちろんですが、口をふさがれたままでは、体の自由が利かず、思うように反撃できないからです。

スタート

後ろから口をふさがれた状態のニュートラルスタンスから始めます。

1 口をふさがれた側の手を耳の位置まで上げる

口をふさいでいる相手の手と同じ側の手（写真では右手）を、自分の耳の位置まで上げます。親指以外の4本の指は、第2・第3関節を軽く曲げてそろえておきます。

2 勢いをつけて手を引きはがす

上げた手を勢いよく下ろして、相手の手を口から引きはがします。ワキを締める感覚でヒジから下ろすと、強い力が出ます。このとき、つかまれている逆側の手（左手）も、できるだけ振りほどきます。

★口が開くなら、ふさがれた手を噛んでもかまわない。
★股間打ちからのヒジ打ちは、相手に背中を向けている
　ときによく使うコンビネーションなので、くり返し練習しよう。

3 相手の手の自由を奪ったまま股間打ちで反撃する

引きはがした相手の手はつかんだまま、自分の胸元辺りに保持します。同時に腰を少し横にずらし、もう一方の手（左手）で股間を打ちます。

4 顔面へのヒジ打ちで連続攻撃する

股間打ちをした手をそのまま活かして、相手のお腹や顔面へヒジ打ちします。相手に確実なダメージを与えるまで、つかんだ手は離さずに攻撃を続けます。

後ろから痴漢を
されそうになったら

1

振り向きざまにヒジ打ちをする

顔を後ろに向けて相手が不審者であること
を確認したら、そのまま顔面やあごへヒジ
打ちをします。

2
相手の指をつかみ
孤立させる

すぐ相手の指を何本かつかみ、ほかの
指から孤立させます。

**野外では
ここに注意**

3

体を回転させながら
腕をひねる

指をつかんでひねり上げながら、体を
回転させて、相手と向き合います。

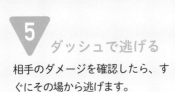

4

わき腹に蹴りを入れる

指を極められ、しゃがみこんだ相手の空
いたわき腹に蹴りを打ち込みます。

5

ダッシュで逃げる

相手のダメージを確認したら、す
ぐにその場から逃げます。

Lesson 60

正面から髪をつかまれたときの防御

髪をつかまれて引っ張られたときの基本は、どの方向であれ、無理に逆らわずに、引かれた方向へ足を踏み出すことです。そして、相手に引かれた勢いを利用して、股間打ちなどで反撃します。

スタート

正面にいる相手に、髪をつかまれた状態から始めます。

1 ヒザ蹴りに注意して片足を踏み出す

髪を引かれた方向へ、逆らわずに片足（写真では左足）を前へ出します。頭を狙って、ヒザ蹴りしてくるかもしれません。その場合は、相手の蹴り足に近い腕（左腕）で防御（アウトドアディフェンス）します。

2 空いている手で股間を攻撃する

相手のヒザ蹴りを防御すると同時に、もう一方の手（右手）で股間を攻撃します。

★特に体力差があるときは、相手の力を活かすこと。優位に
　立っていると思わせておいてから、スキをつく。
★ヒザ蹴りを腕で止めるとき、アウトドアディフェンスのように
　ヒジを90度に曲げ、腕をヒザに対して直角に当てる。

3　無防備の顔面へ　ヒジを打ち込む

股間への攻撃が決まると、相手はつかんでい
た髪を離し、本能的に手を下げます。相手か
ら反撃されないように、片方の手をつかみな
がら、がら空きとなった顔面へヒジを打ち込
みます。

4　相手の手をつかんだまま　反撃を続ける

相手の手をつかんで、自由な動きを奪いなが
ら、ヒザ蹴りなど攻撃を続けます。

5　相手から離れて　ファイティングスタンス　をとる

相手がヒザをつくなど、十分なダメージを与
えたことを確認できたら、下がって距離を取
り、その場を離れます。

横から髪をつかまれたときの防御

横から髪をつかまれる場面で想像されるのは、待ち伏せされて、突然、車や路地へ連れ込まれるようなケースです。危険な状況ですが、逆らわずに引かれた方向へ足を踏み出し、反撃する流れは同じです。

スタート

横にいる相手に、髪をつかまれた状態から始めます。

1 ヒザ蹴りに注意し、片足を踏み出す

横から髪を引かれた方向（相手の方向）へ、相手側の足（写真では右足）を踏み出します。この体勢から、相手がいちばん攻撃しやすいヒザ蹴りを、アウトドアディフェンスで防御します。

★髪を引かれた方向へ足を踏み出すときは、むしろ自分から
　相手に近づくつもりで、一気に距離を縮めること。
★そのほうがバランスを崩しにくく、頭も下げずに済む。
　頭を下げると、車などにも引きずり込まれやすくなる。

2　空いている手で 股間を攻撃する

Lesson60 と同じように、ヒザ蹴りを防御すると同時に、もう一方の手（左手）で股間を攻撃します。指を食い込ませるようにすると、より効果的です。

3　髪をつかんでいた 手を引きはがし 反撃する

髪をつかんでいた相手の手を引きはがしてつかんだまま、パンチや蹴りを打ち込みます。十分にダメージを与えるまで、相手の手は離さずに、攻撃を続けます。

後ろから髪をつかまれたときの防御

後ろから髪をつかまれた状態から抜け出すには、相手に向き直らなければなりません。その瞬間に、いかに素早く防御体勢を取り、反撃するかの判断をできるかどうかが、ダメージを受けるか、与えるかを決めます。

スタート

後ろにいる相手に、髪をつかまれた状態から始めます。

1 ヒザ蹴りに注意し、片足を踏み出して体を反転する

髪を引かれた方向（後ろ方向）へ逆らわずに一歩踏み出しながら、体を反転させ始めます。振り返る前に相手の様子を確認できないぶん、ヒザ蹴りなどの攻撃をより強く警戒します。

★後ろから髪を引かれると、そのまま真後ろに下がる
〝自動車バック〟になりがち。
★自動車バックだと、バランスを崩してしゃがみ込むことに
なる。普段から体を反転させる練習をしておこう。

2　空いている手で 股間を攻撃する

振り返ったら、ヒザ蹴りをまず防御し、同時に空いた手（写真では左手）で股間を攻撃します。指を食い込ませるようにすると、より効果的です。

3　髪をつかんでいた 手を引きはがし 反撃する

髪をつかんでいた相手の手を引きはがしてつかんだまま、パンチや蹴りを打ち込みます。十分にダメージを与えるまで、相手の手は離さずに、攻撃を続けます。

Lesson 63

ナイフで おどされたとき の防御

ナイフでおどされている状態で、こちらが戦う意思を見せてしまうと、相手は本格的な攻撃体勢に入ってしまい、より危険度が高まります。相手に身構える時間を与えずに、一瞬で反撃します。

スタート

ナイフを突きつけられ、おどされた状態から始めます。

1 **一瞬でナイフを はらいのける**

相手の手の甲の、やや小指側の部分を、手のひら（写真では左手）ではらいます。「手だけ」を動かすことがポイントです。先に体が動いてしまうと、相手に気づかれてしまいます。また、はらうのはナイフの向きを自分からそらすことが目的です。ナイフを落とすとはかぎらないので、相手の攻撃に細心の注意をはらいながら、すぐ反撃に移ります。

★ナイフをはらうときは、相手に動作を読まれないように、手を振りかぶる動作もしないこと。
★そのためのパワー不足は、肩をしっかりと回して、相手の手を強く押し込むことで補おう。

2 ナイフを警戒しながら股間蹴りをする

相手の手をはらったら、股間蹴りで反撃します。ナイフを横に振って攻撃してくる可能性があるので、手は上半身側に引き、体を相手と反対方向に倒しながら蹴ります。

▼

3 深追いせずに全力で逃げる

深いダメージを与えても、相手がナイフを手にしているかぎりは何が起こるかわかりません。股間蹴りで相手がひるんだら、すぐ全力で逃げましょう。

ナイフを持った男が
目の前に現れたら①
-リュックやカバンを使った防御-

ナイフを持った相手と素手で戦うのは最後の手段です。武器になりそうなものは何でも利用して、相手と距離を取りながら、反撃のチャンスを待ちましょう。

野外では
ここに注意

1

カバンを手に持つ

ナイフを出し、相手がおどしてきたら、肩にかけていたカバンを、相手がナイフを持っている手と同じ側の手に持ち替えます。

2 カバンでナイフを
振り払う

ナイフを持っているほうの相手の手を、
カバンで力強く振り払います。

3

股間蹴りで
反撃する

手を振り払うと同時に、
前へ一歩踏み込んで、ナ
イフで攻撃されないよう
体を後ろへ倒しながら、
股間を蹴り上げます。

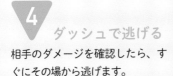

4 ダッシュで逃げる

相手のダメージを確認したら、す
ぐにその場から逃げます。

ナイフを持った男が
目の前に現れたら②
-傘を使った防御-

1 武器に使えるように
傘を持ち替える

傘を武器として使うため、持ち替えます。
非力な人は少し短めに持ってもいいで
しょう。

2 傘でナイフを叩き落とす　傘で手を叩き、ナイフを離させます。ナイフそのものよりも、手を狙ったほうが、ヒットする確率が高くなります。

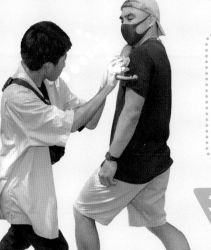

野外ではここに注意

ビニール傘だと素材が柔らかく、十分なダメージを与えられないかもしれません。ナイフがまだ相手の手にある場合は、すぐに切り替えて、傘の先で急所を突くことも想定することが必要です。

3 前に踏み込んで傘で顔面を攻撃する

ナイフを叩き落したら、前に踏み込みながら、傘の先端部分で顔面を攻撃します。

4 ダッシュで逃げる

相手のダメージを確認したら、すぐにその場から逃げます。

4

倒されたときの
「グラウンド」
テクニック

Lesson 64

受け身の取り方とあお向けになったときの基本姿勢

倒されると、顔面へのキックや、馬乗りでのパンチ・首絞めなどの攻撃を受ける可能性があり、非常に危険です。身を守るために、倒れた状態で取るべき基本姿勢を学びましょう。

スタート

慣れてきたら立った状態から始めますが、初心者はケガをしないようにしゃがんだ状態から始めます。畳やクッションのあるマットなど、柔らかい場所で行うようにしましょう。

後ろ受け身は、倒されたときの基本です！

1 あごを引いて、お尻からつく

倒されるときに、気をつけなければならないのは、地面に後頭部や背中を強く打ちつけることです。そうならないように、倒れそうになったらあごを引いて、お尻から着地するようにします。やや背中を丸めておき、お尻→腰→背中の順に地面につくようにします。

★押される、パンチされる、足を引っかけられるなど、
　いろいろな倒される状況を頭に置いて練習すること。
★倒された後の防御姿勢では、なるべく体が地面に接して
　いる面積を減らすこと。そのほうが体を回転させやすい。

2 地面を叩いて 衝撃を吸収する

背中がつく直前に、あごをしっか
りと引き、肩のラインに対して
30~40度くらいの角度で両手を横
に広げ、地面をタイミングよく叩
きます。倒れた勢いを緩め、後頭
部を強打しないようにするためで
す。両手を横に広げるのは、手の
ひらだけでなく、腕全体で地面を
叩いたほうが、広い面積で着地の
衝撃を吸収できるからです。

3 すぐ動けるように 背中と片足以外は 地面から離す

両手を顔の前に上げ、片足（写真
では右足）は上げて、相手の攻撃
に備えます。頭と肩は地面から浮
かせ、相手から目を切らないよう
にします。地面についているほう
の足と上半身の力を使って、相手
のいる方向に対して、つねにつま
先が向くように移動します。

グラウンドテクニック

あお向けの状態からの前蹴り

「あお向けになったときの基本姿勢」（Lesson64）から、胸の近くに上げていた足の足裏（かかと）で蹴り込みます。相手が攻撃のために近づいてきたタイミングを狙いましょう。

スタート

Lesson64 の「あお向けになったときの基本姿勢」から始めます。

1 上げていた足を、足裏のかかとからまっすぐ蹴り出す

相手のヒザ辺りを狙って、上げていた足（写真では右足）を、足裏のかかとからまっすぐ蹴り出します。足の力だけでなく、相手に向かって腰を押し出すようにして、威力を加えます。当たる瞬間に地面についているのは、軸足（左足）の裏と肩だけです。バランスを取るために、ヒジを地面につけてもかまいません。

HINT!

★足が相手に当たるとき、足先を外側に向けて、足裏を
　横に使ったほうが、相手の足に当てやすい。
★蹴るというより、踏みつけるような感覚で行うと、蹴りの
　力が伝わりやすい。
★相手との距離によっては、股間や顔面も狙える。

2 素早くヒザを引き戻し 次の攻撃の準備をする

蹴り終わったら、すぐにヒザを胸の前まで
引き戻し、最初の基本姿勢を取ります。相
手と自分の体（頭）の間に足がくるように、
回転して調整します。

あお向けの状態からの立ち上がり方

あお向けの状態は圧倒的に不利です。相手が武器を持っていたり、仲間がいたりすれば、なおさらです。反撃する前に、まずはできるだけ早く立ち上がらなければなりません。

スタート

Lesson64 の「あお向けになったときの基本姿勢」から始めます。

1 足と手を支えにして腰を浮かせる

あおむけになったときの基本姿勢から、軸足（写真では右足）と反対の手（左手）を地面につき、腰を浮かせます。蹴り足（左足）はいつでも蹴り出せるようにしておき、空いている手（右手）を高く上げて顔を防御します。

★体の下に足を通すときは、斜め後ろに引くのがコツ。また、腰を浮かすのに両手を使ってもいいが、防御に注意。
★立ち上がるときがいちばん無防備なため、相手との距離を十分確保したうえで立つこと。

2 蹴り足を体の下を通して後ろへ引く

蹴り足（左足）を、地面についていた手と軸足の間を通して、体の後ろへ引きます。その間も顔を防御している手を下げないようにすること。相手から目線も切ってはいけません。

3 立ち上がって距離を取る

立ち上がりながら、後ろへ下がって距離を取ります。立ち上がっている最中に攻撃されることもあるので、注意をおこたってはいけません。立ち上がったら、すぐにファイティングスタンスを取り、攻撃に備えます。

グラウンドテクニック

あお向けの状態からの突き放し方

あお向けに倒されて、足と足の間に入られてしまったときに、相手を突き放すテクニックです。手は顔を防御しながら、両足を使って、相手のパンチが届かないように蹴り飛ばします。

スタート

あお向けに寝た状態で、足の間に相手が入り込んだ状態から始めます。

1 相手の胸に ヒザやスネを当てて 接近を食い止める

相手のパンチが届かないようにするため、自分の体の左右どちらかを下にして（写真では右）、反対側の足（左足）のヒザから下を、相手の胸に押し当てます。両手は上げておき、顔を防御します。

★相手の胸にヒザを当てて接近を食い止めるときは、ヒザ
　から足首まで、なるべく広い面積が接するようにする。
★蹴るときは足の力だけでなく、腰の跳ね上げのパワーも
　利用すること。

2 腰を蹴って スペースを つくり出す

下になっている足（右足）で相手
の腰（左腰）を蹴り、胸に当てて
いた足（左足）を動かせるスペー
スをつくります。スペースができ
たらすぐに左足を引きつけ、蹴り
の準備をします。

3 顔面を蹴り上げて 相手を突き放す

蹴り足（左足）で相手の顔面か胸
を蹴り上げます。ヒザが少し曲がっ
た状態で当たるようにして、押し
込みます。相手と距離ができたら、
すぐ立ち上がります（Lesson66）。

Lesson 68

あお向けの状態で片手で足をつかまれたときの防御

あお向けの状態で、たとえば自分の右足を、相手の右手でつかまれたときの振りほどき方です。左足を左手でつかまれたときも、振りほどき方は同じです。

スタート

あお向けに寝て、足を片手でつかまれている状態から始めます。

1 自由なほうの足を高く振り上げる

かかと落としをするため、相手につかまれていないほうの足（写真では左足）を高く振り上げます。勢いをつけるため、腰も一緒に浮かせます。

2 相手の手にかかとを振り落とす

足をつかんでいる相手の手に、かかとを振り下ろします。

★かかと落としをするために足を振り上げたとき、つかまれ
　ているほうの足のヒザを自分の体へ引き寄せること。
★相手の手を近くに引き寄せることで、かかとを当てやすく
　なるだけでなく、強い力を加えられる。

2 立ち上がる前に ヒザへの横蹴り で攻撃

振り下ろした足（左足）を下側に
して横に寝返り、上側の足（右足）
で相手のヒザを押し込むように蹴
ります。まだ相手との距離が近い
ため、あわてて立ち上がらず、重
ねてグラウンドからのヒザや股間
を狙った蹴りでダメージを与えま
す。

3 立ち上がって 距離を取る

素早く立ち上がり、後ろへ下がっ
て相手から距離を取ります。ファ
イティングスタンスを取って、次
の攻撃に備えます。

あお向けの状態で両手で足をつかまれたときの防御

片手でつかまれているとき（Lesson68）と違って、振り回されたり、引きずられたりする恐れがあります。基本的にはLesson68の方法で、まずは片手を外します。

スタート

あお向けに寝て、足を両手でつかまれている状態から始めます。

1 かかと落としで片手を振りほどく

自由なほうの足（写真では左足）を高く振り上げ、同じ側の相手の手（右手）にかかとを落として、まずは片方の手を振りほどきます。

HINT!

★〔2〕で蹴って手を振りほどくときは、蹴りそのものの力より、体の回転力で外すことを意識すること。
★同じく〔2〕で蹴るときに、相手との距離が近ければ、顔面を狙ってもかまわない。

2 回転しながらもう一方の手に蹴り込む

寝返りを打つように体を回転させながら、かかと落としをしたほうの足（左足）で、もう一方の手にも蹴りを入れ、振りほどきます。

3 そのまま一回転して相手のヒザを攻撃

蹴った勢いのまま1回転し、相手に近いほうの足（左足）で、今度はヒザを狙って押し込むように蹴りを入れます。手を振りほどいた後、すぐに立ち上がると、相手との距離が近く、攻撃されてしまう恐れがあるためです。

Lesson 69

4 安全になるまで基本姿勢で警戒と攻撃を続ける

「あお向けになったときの基本姿勢」（Lesson64）を取り、安全に立ち上がれる状況になるまで、相手につま先を向けて攻撃に備えます。相手がまだ近くにいたり、近づいてきたりしたときは、キックで応戦します。相手に向かって腰を押し出しながら蹴ることを意識しましょう。

5 相手がひるんだら素早く立ち上がり、距離を取る

相手がひるんだら、素早く立ち上がります。すぐに後ろへ下がって、相手と距離を取りましょう。ファイティングスタンスを取り、次の攻撃に備えます。

「ノー」を
はっきりと伝えよう

　自分の身を守るためには、ときには「ダメなものはダメ」とはっきり言わなければいけないときもあります。ただし、「ノー」とはっきり伝えるにしても、コツがあります。ささいなことを言われて逆ギレする人もいますし、「ノー」と言っているのに相手に通じないこともあります。

　ノーを正しく伝えるには、「どんな言葉を言うか」も大切ですが、それ以上に「どんな態度で言うか」が重要です。

　ノーを言うときの態度とは、声やアイコンタクト、表情、ボディランゲージ（身振り手振り）などです。これらがバランスよく組み合わさることで、ノーを正しく相手に伝えることができます。態度があいまいだと、つけ込まれやすくなります。

　なかでもポイントになるのが「声」です。声の大きさ、トーン（声の高低）、抑揚（声の強弱）によって、相手への伝わり方が変わります。

　声が小さいと、相手に自信のなさを伝えることになります。小さい声で「ノー」と言っても、あなたの真意は相手には伝わりません。危険そうな相手から何か要求されたりしたとき、大きな声で拒否するのは難しいものですが、勇気を振りしぼりましょう。

　ただし、勇気を振りしぼるといっても、ケンカを売るような大声や暴言はいけません。相手を逆ギレさせてしまう恐れがあるからです。あくまで言葉使いは丁寧に、しっかりとした大きな声で伝えましょう。

　また、声のトーンは高くなりすぎないように注意しましょう。こちらが恐怖心を持っていることを、本能的に悟られてしまいます。落ち着いたトーンを心がけるとともに、抑揚をきちんとつけるようにしてください。

　表情についても、心の中ではどんなに恐怖を感じていても、顔に出さないようにがんばりましょう。逆に激しい怒りを感じていても、相手をにらんだり、嫌そうな顔を見せたりしてはいけません。相手の敵意を強めるだけです。おだやかで落ち着いた表情を心がけてください。

Lesson 70

マウントからの
パンチの防御

あお向けの相手に馬乗りになった状態のことを「マウント」といいます。マウントされた状態のままでは反撃できないため、まずは腰を跳ね上げて相手のバランスを崩し、体勢を入れ替えて脱出します。

スタート

あお向けになり、相手に馬乗りになられた状態から始めます。

1 ワキを締め 両手で顔を防御する

ワキを締め、両手で顔を防御します。パンチがこない間は、相手の太ももの前にヒジを置いて、自分の腰より上に乗られないようにします。脱出するときに、相手の体を跳ね上げやすくするためです。

2 腰を跳ね上げて 相手のバランスをくずす

相手がパンチを打ってくるタイミングで、腰を跳ね上げます。相手のバランスを崩し、自分の頭越しに手をつかせることが目的です。真上ではなく、自分の頭側に向かって跳ね上げます。

★腰を跳ね上げるとき、お腹の上のテニスボールを頭の上に向かって飛ばすイメージで行う。
★腕をつかまえるときは、自分の腕を相手の腕の上から回しても、下から回してもOK。

3 相手の腕に自分の腕をからませる

相手の片腕を、同じ側の腕（写真では左腕）でつかまえます。ヒジから上の部分に腕をからませましょう。相手の動きを封じ込めるとともに、横向きに転がって体勢を入れ替えるときの支点になります。

4 つかまえた腕と同じ側の足をつかまえる

腕をつかまえるのとほぼ同時に、つかまえた腕と同じ側の足（左足）で相手の足をつかまえます（自分の足が相手の内側にあるときは、外側に出してからつかまえます）。

5 腰を跳ね上げ、転がるようにして体勢を入れ替える

再び腰を跳ね上げて、相手の体を浮かせます。跳ね上げた腰が最も高い位置まできたところで、つかまえた手足の側（自分から見て左側）に、体全体を回転させて相手をひっくり返します。

6 体勢を入れ替えたら相手の手を押さえ込む

体勢を入れ替えたら、片方の手（左手）で相手の腕を押さえ込み、自由を奪います。空いている手（右手）は顔の近くに上げ、パンチでの攻撃や、下からのキックの防御に使えるようにします。

7

顔面や股間への
パンチで反撃する

相手が攻撃できないよう押さえ込んだら、反撃を開始します。顔面へパンチを打つことが理想ですが、抵抗されて難しい場合は股間を狙ってパンチを打ちます。

8

相手のヒザを
両手で押さえながら
立ち上がる

パンチで相手がひるんだら、立ち上がる体勢に入ります。立ち上がるときに下からのキックなどで攻撃されないように、相手の両ヒザを手で外方向に強く押しながら立ち上がります。

Lesson 70

9 離れ際に注意し
必要に応じて
蹴りで応戦する

立ち上がったら、相手がすぐに追ってこられない
ように、股間を踏みつけます。相手が足で攻撃し
てくる可能性もあるので、あまり近づきすぎない
ようにしましょう。

10 相手から
距離を取り
次の行動に備える

素早く立ち上がり、後ろへ下がって相手から距離
を取ります。ファイティングスタンスを取って、
次の攻撃に備えます。

恐怖心に
打ち勝つには?

　普段ならなんなくこなせる簡単なプレーが試合になるとできない。いつも完璧に弾ける曲なのに、発表会のときだけ間違えてしまう——。

　人は失敗のプレッシャーからなかなか逃げられません。身に危険が迫っている状況ならなおさらです。心拍数は上がり、汗が噴き出し、手は震え、足もすくむことでしょう。

　しかし、こうした恐怖心とうまく付き合えるようにならないと、本来の力が出せず、助かっていたはずのものが、最悪の結果を招くこともありえます。

　だからといって、どれだけ練習しても、恐怖心がゼロになることはないでしょう。〝感じる〟心は、そう簡単には消せないものだからです。

　けれども、恐怖心があっても、〝動く〟ことはできます。キツネに追われるウサギは恐怖心でいっぱいのはずですが、見事な走りを見せます。恐怖心が最高のパフォーマンスを引き出すこともあるのです。ですから、恐怖心があると動けないという考えを、まずは捨てましょう。

　恐怖心に打ち勝ついちばんのポイントは、するべき事に集中することです。ウサギの例でいえば、「捕まったらどうしよう」ではなく、「最高の走りをする」ことに全力を傾けるのです。

　クラヴマガも楽しく学びつつ、ときには手に汗を握るような危機感を持って練習にのぞみましょう。各ワザのトレーニングの前に、実際に自分が危険な目にあっている場面をよく想像し、そのうえでするべき事に集中して動く練習を積むといいでしょう。

　体力やテクニックだけでなく、心と集中力を鍛えることが恐怖心に打ち勝つには必要です。

マウントからの首絞めの防御

馬乗りされての首絞めは、上から強い力が加わるため、非常に危険です。「前からの首絞めの防御」(Lesson39) と「マウントからのパンチの防御」(Lesson70) で危機を脱します。

スタート

相手に馬乗りされ、首を絞められている状態から始めます。

1 相手の手に 4本の指をかける

Lesson39 と同じ方法で、相手の手を引きはがします。親指以外の4本の指の、第2・第3関節をL字に曲げてそろえます。そのまま両手を上げ、自分の首と相手の手の間に差し込みます。

★相手の手を引きはがすときは、パワーよりスピードが重要。
　警戒される前に、一気に引きはがそう。
★途中で動きを止めないこと。一連の動きを、ほとんど同時
　に行えるように練習しよう。

2　引きはがした手を固定して、足をつかまえる

相手の手を一気に引きはがします。引きはがした後も、相手の手は肩の近くでつかんだままにします。同時に片足（写真では左足）を相手の足の外側に出し、はさむようにして相手の足をつかまえます。

3　腰を跳ね上げ、転がるようにして体勢を入れ替える

ここからは Lesson70 と同じ流れです。腰を跳ね上げ、いちばん高くなったところで、つかまえた手足の側（自分から見て左側）に、体全体を回転させて相手をひっくり返します。

4 体勢を入れ替えたら
相手の手を
押さえ込む

体勢を入れ替えたら、相手から攻撃を受けないように、片手（左手）で相手の腕を押さえ込みます。もう片方の手はすぐにパンチを打てるように構えながら、相手の下からのキックにも備えます。

5 顔面や股間への
パンチで反撃する

相手が攻撃できないよう押さえ込んだら、反撃を開始します。顔面へパンチを打つことが理想ですが、抵抗されて難しい場合は股間を狙ってパンチします。

6 相手のヒザを 両手で押さえながら 立ち上がる

パンチで相手にダメージを与えたら、立ち上がる体勢に入ります。立ち上がるときに下からのキックなどで攻撃されないように、手で相手の両ヒザを、外方向に強く押しながら立ち上がります。

7 股間へ攻撃して とどめを刺す

立ち上がったら、すぐに追ってこられないように、股間を踏みつけます。相手が足で攻撃してくる可能性もあるので、あまり近づきすぎないようにしましょう。

8 相手から 距離を取り 次の行動に備える

素早く立ち上がり、後ろへ下がって相手から距離を取ります。ファイティングスタンスを取って、次の攻撃に備えます。

もみ合いになり
押し倒されたら

相手が上の状態は非常に危険です。目を突いたり、髪を引っ張ったり、噛みついたり、股間を握りつぶしたりしてでも、体勢を入れ替えましょう。

**野外では
ここに注意**

1

手を引きはがし
片足を相手にかける

地面に倒されたら、「マウントからの首絞めの防御」（Lesson71）と同じように、相手の手を引きはがし、片足を引っかけます。

2

腰を跳ね上げて
体勢を入れ替える

腰を跳ね上げ、足を引っかけたほうに回転
して、体勢を入れ替えます。

3

相手の手を
押さえつけ
パンチで攻撃

相手の手は離さないよう
にして、顔面へパンチを
打ち込みます。

4

相手の足を支えに立ち上がる

相手の足を押さえつけて立ち上がり、相
手のダメージによって、股間蹴りなどを
加えます。

5

ダッシュで逃げる

相手のダメージを確認したら、す
ぐにその場から逃げます。

5

レベルアップの
ための
トレーニング

一人で学ぶ?
スクールで学ぶ?

　クラヴマガを身につけるには、「一人で学ぶ」方法と、クラヴマガを教えてくれる「スクールで学ぶ」方法の2種類があります。メリットとデメリットを理解して、自分に合った方法で学んでいきましょう。

一人で学ぶ人へのアドバイス

　本書の写真を見て真似るだけでも、クラヴマガの基本はある程度身につきます。とはいえ、やはり実際の動きを見て学んだほうが、理解は深まります。一人で練習する人は、DVD（クラヴマガ・ジャパンのオンラインショップでも販売）なども用意するといいでしょう。

　また、独学で学ぶにしても、練習相手は必要です。友達や家族に相手になってもらう場合は、ワザの型や流れを学ぶことを目標に、本気で力を入れないようにしてください。初心者同士だと、少しバランスをくずしただけでも大ケガにつながる可能性があります。できれば、ご両親など、信頼できる大人に相手になってもらうようにしましょう。

　一人で行うトレーニングには限界があります。実際に攻撃を受ける機会がないため、攻撃のプレッシャーやワザのポイントを実感することができません。きちんと学ぶには経験のある指導者の下で、人を相手にした練習をくり返す必要があります。

日本では、
どれくらいの人が
クラヴマガを
学んでいるの？

クラヴマガは護身術のため、全国大会のようなものはなく、どれくらいの人がクラヴマガを学んでいるかは不明です。この本の編者であるクラヴマガ・ジャパンの場合、国内に教室が5カ所あって、大人も含めて約1,300名が在籍しています。そのうち3割が女性です。

クラヴマガのおもな練習道具

クラヴマガ・ジャパンのトレーニングでは、より実戦感覚を養うための道具を使用します。理想的な練習には欠かせないもので、トレーニング中のケガの予防にもなります。

シンガード（左）、
オープンフィンガーグローブ（右）
シンガードはスネを守る道具、オープンフィンガーグローブは手の甲や拳を守ります。

打撃用ミット
打撃を打ち込むときに使う道具です。

キックミット
キックを打ち込む道具。相手に持ってもらって、ミットをめがけてキックします。

トレーニング用武器・ナイフ
武器のトレーニングのときに使うゴム製のものです。

スクールで学ぶ人へのアドバイス

　スクールでは、経験のある指導者からワザなどの〝コツ〟を教えてもらえるため、早く上達します。仲間と一緒にトレーニングすることでモチベーションもアップします。

　スクール選びでは、安全面を重視しているかどうかがポイントの一つです。世界最大規模の「クラヴマガ・ワールドワイド」と提携している団体、あるいはクラヴマガ・ワールドワイドの公認インストラクターがいるスクールから選ぶのがいいでしょう。また、楽しく学ぶには、スクールや指導者との相性も重要です。スクールに入学する前に、実際にスクールに足を運び、見学や無料体験を活用しましょう。

レベルアップのための
補強トレーニング

クラヴマガのワザやテクニックをより効果的に使うためには、基礎体力の向上が欠かせません。トレーニングで鍛えられる要素をよく理解して、246ページから紹介する「補強トレーニング」に取り組みましょう。

一人で学ぶ人へのアドバイス

クラヴマガのワザやテクニックを使えば、体力差のある相手にも十分対抗できますが、やはり体力はあるに越したことはありません。ワザのパワーアップ、またスピーディに動けるようになるので、身の安全を守りやすくなります。

そのため、基礎体力をつけるための「補強トレーニング」にも取り組みましょう。体力が向上すれば、より多くの練習がこなせるようになり、技術も早く身につきます。ケガの予防にも欠かせません。

ただし、小・中学生時は、急速に発育する骨に対して筋肉の発達が遅いために身長が伸び始める時期（男子14歳ごろ・女子12歳ごろ）に筋トレをやりすぎると、ケガをするリスクが高くなります。一般にウェイトトレーニングは、男子で高校入学以降、女子で中学校高学年頃から始めるのが望ましいとされます。

トレーニングで鍛えたい要素には、上の表のとおり、「柔軟性」「安定性（体のブレをなくす）」「可動性(筋力、スピード)」「持久力」の4つがあります。柔軟性については、第1章で紹介したストレッチなどのトレーニングを行いましょう。「安定性」と「可能性」については、おもなトレーニングを246ページより紹介しましたので、そちらを参考にしてください。

なお、トレーニングは、ただメニューをこなすだけでは効果が半減してし

トレーニングで鍛えたい要素

① 柔軟性
能力を高めるトレーニング
柔軟性向上トレーニング（静的ストレッチ・ダイナミックストレッチ）

得られる効果
・猫背・反り腰など姿勢の改善
・肩甲骨・股関節など関節可動域
　（関節が動く範囲）の獲得

⇒第1章参照

② 安定性
能力を高めるトレーニング
プランクなど体幹支持トレーニング

得られる効果
・姿勢維持
・運動時の軸の安定化

③ 可動性
能力を高めるトレーニング
通常の筋トレ、ジャンプ系種目、体幹運動トレーニング（※）および体力トレーニング

得られる効果
・持っている筋力の最大限の発揮
・敏しょう性の向上

④ 持久力
能力を高めるトレーニング
高強度なインターバルトレーニング

得られる効果
・無酸素性持久力
・有酸素性持久力

※体幹とは胴体のこと。肩から股関節回りまでの、胴体部分についている筋肉を鍛えることを言います。

まいます。各メニューでどの部分が鍛えられるのかをよく理解し、鍛えられるところを意識してトレーニングを行いましょう。

　また、すでにお話ししたとおり、小・中学生時のトレーニングのしすぎは、ケガにつながる恐れがあります。そのため、本書で紹介するトレーニングでは、バーベルやダンベル、マシントレーニングなど道具を利用するものは取り上げていません。部分的な筋力アップは体のバランスをくずし、長い目ではマイナスに働くからです。本書で紹介しているような全身運動を中心にトレーニングを積んでおくと、ほかのスポーツの能力向上にも役立ちます。

　トレーニングの成果は一定期間継続しないと出ません。一方で、毎日する必要はありません。第1章でお話ししたワザの練習前のウォーミングアップの後や、2、3日おきでもかまわないので、トレーニングを続けて基礎体力をつけましょう。

補強トレーニング①
〔筋トレ系〕

腕立て
10〜12回 × 2~3 セット

背中を反ったり丸めたりせず、つねに一直線になるよう意識。（一直線になった姿勢のことを「パーフェクトポスチャー」という）

ポイント

腹筋に力を入れると、背中が反りにくくなる。

ランジ
10〜12回 × 2~3 セット

交互に、足を一歩前に踏み出す。ヒザを前に出さないこと、体を折り曲げないことの2点に注意。

ポイント

足を前に出すときも、戻すときも、上半身をブラさないようにすること。

スクワット　10〜12回 × 2~3 セット

お尻を後方に引きながら、イスに座るようにしゃがむ。しゃがむときは上半身をやや前に傾け、立ち上がるときに戻すようにする。

ポイント　体を立てようとすると、腰の辺りが強くなることに注意。

プローンダイアゴナルリフト　10〜12回 × 2~3 セット

うつぶせの状態から、対角線の手足を上げる。背中やお尻の筋肉が鍛えられる。

ポイント　足は伸ばしたまま、付け根から上げるようにしよう。

プローンブリッジ　30秒

腹筋に力を入れ、かかとから頭までが一直線になるように意識すること。

サイドブリッジ　30秒

腹筋に力を入れ、かかとから頭までが一直線になるように意識すること。

プッシュクランチ 30秒

手を合わせ、まっすぐ上げると同時に上半身も浮かせる。浮かせた状態のまま、左右に手を振る。

ロシアンツイスト 30秒

手を合わせ、まっすぐ上げると同時に上半身も浮かせる。浮かせた状態のまま、左右に手を振る。

ポイント

手を左右に振るときに、スピードが速くなりすぎないよう注意。

補強トレーニング② 〔ダイナミック系〕

①前後	②左右
③時計回り	④反時計回り

アンクルホップ

前後、左右：各10回 →（反）時計回り：各3周

前後→左右→時計回り→反時計回りの順に両足でジャンプ。股関節とヒザはあまり曲げず、足首の関節を使うこと。

ポイント

縄跳びの足の使い方をイメージしてみよう。

シングルレッグ アンクルホップ

前後、左右：各10回

片足で、前後→左右の順にジャンプ。股関節とヒザはあまり曲げず、足首の関節を使うこと。

ポイント

体を沈み込ませ、その反動を利用してジャンプしよう。

垂直跳び （リバウンドジャンプ）

5〜10回 × 2〜3セット

腕を思い切り振り上げながら、真上にできるだけ高くジャンプ。地面に接している時間をなるべく短くして、連続でジャンプをする。

シザーズジャンプ①
（アンクルホップ）

20回

前後に開いた足を、入れ替えながらジャンプ。地面に接している時間をなるべく短くして、連続でジャンプをする。

ポイント

着地したときに、なるべく上体をブラさないように注意。

シザーズジャンプ②
（ロケット）

[シザーズジャンプ①]の動きのまま、手を真上に振り上げて高くジャンプ。

10回

ポイント

ジャンプしたときの足を伸ばす動きと、手を振り上げるタイミングを合わせること。

片足ラテラルジャンプ

10回

片脚で力強く地面を蹴り、腕を振り横に跳ぶ。反対側の足で着地するのと同時に素早く切り返し、反対側へ飛ぶ。

ポイント

スピードスケートをイメージしてみよう。

元クラヴマガ・ジャパンCEO兼会長
Japan チーフインストラクター
クラヴマガ ブラックベルト3段
クラヴマガ・ワールドワイド リードインストラクター

日本でクラヴマガの普及に努めた松元國士氏について

　クラヴマガを日本に広めた功労者として誰もが認めるのが、2018年にその生涯を閉じた松元國士（まつもと・こくし）氏です。松元はクラヴマガ・ジャパン設立者にして、日本にクラヴマガを持ち込み普及させた第一人者であり、世界で最も大きなクラヴマガ指導団体の一つである「クラヴマガ・ワールドワイド」で、世界最高のインストラクターの一人と評された人物です。

　松元は1998年、アメリカの大学在学中に、友人と偶然観たテレビ番組でクラヴマガの存在を知り、翌日入門。ロサンゼルスにあるクラヴマガ・ワールドワイド総本部のU.S.チーフインストラクターから指導を受けました。

　それだけでなく、ボクシングやムエタイ、ブラジリアン柔術など、さまざまな格闘技を学び、2001年にはフィンランドに武者修行に出かけ、シュートファイティングの元ヨーロッパチャンピオンの下、ボクシング、キックボクシング、シュートファイティングを学びます。

　その後もイスラエルをはじめ、ヨーロッパ各地で訓練を続け、その年の12月にイスラエルにてアジア人初のクラヴマガ・インストラクターの資格を授かりました。

　2002年にはクラヴマガ・ワールドワイドよりリードインストラクターに任命され、以降もアメリカ・ロサンゼルスのクラヴマガ・ワールドワイド総本部を本拠地に、世界各地でクラヴマガの指導、修行にはげみました。

その年の10月、松元は日本に帰国。クラヴマガ・ジャパンを設立し、日本におけるクラヴマガの普及活動を開始しました。2003年10月にはクラヴマガ・ワールドワイドと提携。2004年3月には東京・市ヶ谷に日本初のクラヴマガ専用のトレーニング施設「クラヴマガ・ジャパン市ヶ谷トレーニングセンター」をオープン。その後、国内のクラヴマガ指導者を育成しつつ、一般人向けクラス指導やセミナーなどを数多く手がけました。

　松元の名前は広く知られ、2009年にはフジテレビ月9ドラマ『東京DOGS』をはじめ、テレビや映画などのアクションシーンも数多く監修しています。スタジオを運営するかたわら、生活の半分は海外に拠点をおき、CIA、シークレットサービス、ロサンゼルス市警（LAPD）、特殊部隊SIS、ロサンゼルス郡警察（LASD）、FBI特別捜査官、SP、米軍特殊部隊など、世界各国で数多くの特殊部隊や警察、軍、政府機関、民間の警備会社への指導を行ってきました。

　このように松元は世界各国で指導や指導者育成に励み、クラヴマガの普及活動を通じて、世界平和の理念の下、精進を続けました。

「世界、そして日本の人々が、心身ともに自信を持って、どんな人にも、明るく、楽しく、優しくなれる毎日を送れるように――」

　クラヴマガに寄せる松元の想いは、今も多くの人に受け継がれています。

東京・市ヶ谷トレーニングセンターで
指導する松元國士氏

クラヴマガ・ジャパン
加入方法のご案内

　クラヴマガ・ジャパンでは、小学生向けの「km-x クラス」、中高生向けの「Youth クラス」を開講していて、心身の成長に合ったプログラムを提供しています（小中高校生向けのクラスのない名古屋、大阪では、中学生以上の人は保護者の同伴があれば、一般クラスへの出席が可能です。詳細はお問い合わせください）。

　クラヴマガ・ジャパンでは、新規メンバーを常時募集しています。ご興味のある方は、クラスの体験・見学が可能です。

　加入方法や体験等の詳細については、下記、クラヴマガ・ジャパンのウェブサイトをご覧ください。

https://www.kravmaga.co.jp

クラヴマガ・ジャパン　本社【事務局】
〒 102-0074　東京都千代田区九段南 4-6-13　ニュー九段マンション 501 号室
Tel: 03-3263-4555 Fax: 03-3263-4777
E-Mail: contact@kravmaga.co.jp

Training studio

2020年9月時点

〈青山トレーニングセンター〉東京都港区北青山 3-15-9 AOYAMA101 ビル B1F
〈市ヶ谷トレーニングセンター〉東京都千代田区九段南 4-3 13 麹町秀永ビル B1F
〈大阪トレーニングセンター〉大阪府大阪市中央区北久宝寺町 2-1-15 船場エースビル 2F
〈大阪 NAS スタジオ〉大阪府大阪市西区九条南 1-12-33 フォレオ大阪ドームシティ 3F
〈名古屋スタジオ〉愛知県名古屋市中村区椿町 8-3 丸一ビル 5F・4F

【編者紹介】

クラヴマガ・ジャパン

クラヴマガの創始者イミ・リヒテンフェルドの遺訓を受けた、U.S. チーフインストラクターであるダレン・レバインに師事した松元國士が、2002 年に創立した日本法人。2003 年、クラヴマガ・ワールドワイドと提携。2004 年、東京・市ヶ谷に日本初のクラヴマガ専用のトレーニング施設、クラヴマガ・ジャパン市ヶ谷トレーニングセンターをオープン。現在国内に 5 カ所のトレーニング施設を持つ。会員は男女合わせて約 1,300 名以上が所属している。https://www.kravmaga.co.jp

【制作チーム】
藤原斉／中村康之／山本章人／大塚則志（企画）

【モデル】

川口想来　　須藤茉愛　　菅原悠仁

【撮影場所】小平市立中央公園
クラヴマガ・ジャパン市ヶ谷トレーニングセンター

クラヴマガ for ジュニア
世界が選んだ実戦護身術

発　行　　2020 年 10 月 31 日 初版第 1 刷発行

編　者　　クラヴマガ・ジャパン
発行者　　須藤幸太郎
発行所　　株式会社三交社
〒 110-0016
東京都台東区台東 4-20-9 大仙柴田ビル 2 階
TEL 03（5826）4424
FAX 03（5826）4425
URL: www.sanko-sha.com

本文デザイン・装幀　　野村道子（bee'sknees-design）
撮影　　　　　　　　　田中研治
編集協力　　　　　　　飯野実成／土方法子／小野憲太朗／飯野悠太
印刷・製本　　　　　　シナノ書籍印刷株式会社

中級者向け

定価：本体2,800円＋税

女性向け

定価：本体2,500円＋税

クラヴマガ・ジャパン公式ガイドブック

読んでわかる〝世界最高水準の護身術〟!!

＼ 人間の本能＝条件反射に基づく、／
誰もが学べる護身テクニック。

＼ 精神力×身体能力を鍛えて、／
ココロとカラダの自信、
強さと美しさを手に入れよう！